Karl Merwart

Erster Zusammenstoss Polens mit Deutschland,

seine Bedeutung und seine Folgen

Karl Merwart

Erster Zusammenstoss Polens mit Deutschland,
seine Bedeutung und seine Folgen

ISBN/EAN: 9783744682435

Hergestellt in Europa, USA, Kanada, Australien, Japan

Cover: Foto ©ninafisch / pixelio.de

Weitere Bücher finden Sie auf **www.hansebooks.com**

ERSTER

ZUSAMMENSTOSS POLENS MIT DEUTSCHLAND

SEINE

BEDEUTUNG UND SEINE FOLGEN

VON

KARL MERWART

GRAZ, 1874.

DRUCK UND VERLAG VON LEYKAM-JOSEFSTHAL.

Meiner Mutter

gewidmet.

Als ich während meines Studienjahres 1873 an der Grazer Universität die vorliegende Abhandlung schrieb, dachte ich nie ernstlich daran, dieselbe zu veröffentlichen. Eine solche Absicht lag mir fern, zumal da ich die Ueberzeugung hatte, dass ich nach den trefflichen Forschungen eines Lelewel, eines Roepell, eines Szajnocha, eines Szujski und besonders eines Zeissberg nichts leisten könnte, was irgend einen Werth für die Geschichte hätte.

Wenn ich mich dennoch entschloss diese wenigen Blätter der Oeffentlichkeit zu übergeben, so bewog mich dazu, nebst der Aufforderung meines geehrten Lehrers, des verdienstvollen Forschers Prof. Dr. Krones, der Umstand, dass meine Ansichten hie und da von den Behauptungen der erwähnten Gelehrten abweichen und ganz besonders, dass ich einige noch wenig berührte Punkte hervorzuheben getrachtet habe.

Ob ich es auch in richtiger Weise gethan, darüber werden meine geneigten Leser urtheilen. Ich meinestheils habe meinen Zweck schon erreicht, wenn meine Ansichten denselben irgend welche Veranlassung geben, in den von mir behandelten Abschnitt der polnischen Geschichte tiefer einzugehen, in Bezug darauf richtigere

Behauptungen aufzustellen und auf diese Weise der Wissenschaft wesentliche Dienste zu leisten.

Nun einige Bemerkungen über die Abhandlung selbst. Zu allererst wird es vielleicht nicht überflüssig sein, um die Andeutungen, die ich über den Inhalt meiner Arbeit bereits gegeben, zu vervollständigen, die Punkte, von denen eben gesprochen wurde, hier anzuführen. Die wichtigsten dieser Punkte sind: Die Entstehung des Reiches Mieczysław's durch die Vereinigung der polnischen Stämme; die Kämpfe Mieczysław's mit diesen; die geistige Abhängigkeit Polens vom Reiche, und endlich gleichsam als Endresultat, die Bedeutung des ersten Zusammenstosses Polens mit Deutschland, welcher Punkt auch der Zweck der vorliegenden Abhandlung war. Ausserdem habe ich noch versucht, die bewusste Theilnahme Wichmann's am Kampfe Gero's gegen Polen eingehender zu beweisen, die Annahme einer slavischen Taufe Mieczysław's zu bekämpfen und mehrere minder wichtige Einzelheiten zu berichtigen oder hervorzuheben.

In Bezug auf die Form, habe ich es sorgfältig vermieden, den Text durch eingeschobene Citate zu verunstalten. Alle Citate ohne Ausnahme, die ganze Analyse der alten und neuen Werke habe ich auf die Anmerkungen und Beilagen beschränkt. Für den Gelehrten werden diese, besonders aber die letzteren, von bei weitem grösserem Belange als der Text sein, welcher gleichsam nur das Endresultat des Quellenstudiums den Augen des Lesers vorführt. Dem minder Gelehrten aber, dem es nicht daran liegt, die Motivirung der Darstellung kennen zu lernen, genügt schon die alleinige Kenntniss des Textes vollkommen.

Es bleibt nur noch weniges zu erwähnen übrig. Vielleicht wird manchen Leser der Umstand, dass ich mich mit dem Werke Bielowski's: „Wstęp krytyczny do dziejów polskich", so sehr beschäftigt habe, etwas befremden. Um dem vorzubeugen, will ich gestehen, dass ich mich absichtlich bemüht habe, die Behauptungen, welche Bielowski in Betreff der Entstehung Polens in dem erwähnten Werke aufstellt, eingehend zu bekämpfen, und zwar aus dem Grunde, weil mir die irrigen Ansichten und Hypothesen dieses sonst so ausgezeichneten und verdienstvollen Gelehrten viel zu wenig widerlegt erschienen, da sie bei Vielen noch heutzutage eines grossen Ansehens, ich möchte sagen, sogar eines hohen Grades von Autorität sich erfreuen, welche sie nicht verdienen. Wird doch dieses Buch von einem geistreichen Verfasser [1]) einer „Geschichte Polens für die Jugend" als Hilfswerk angeführt!

Endlich kann ich nicht umhin, meines verehrten Lehrers, des Prof. Dr. Zeissberg, des gewandten Forschers,

---

[1]) Es ist dies Szujski, der „Dzieje Polski" geschrieben hat, ein Werk, welches Zeissberg in seiner Abhandlung „Miseco I." nicht citirt, obgleich es ihm sicherlich nicht fremd gewesen ist. Ich ergreife nun auch diese Gelegenheit, um zu bemerken, dass ich es nicht für unumgänglich nöthig erachtet habe, alle Quellen und namentlich alle neueren Werke, die ich gelesen habe, auch anzuführen. Die vielen überflüssigen Citate hätten zwar meiner Arbeit in einem gewissen Grade den Anstrich von Gelehrsamkeit verliehen, sie hätten aber auch sicherlich der Klarheit der Darstellung wesentlich geschadet. Dieser letzte Umstand hat mich bewogen, nur die wichtigen Stellen aus den neueren Werken und besonders jene Stellen, in denen ganz selbständige, neue Ansichten ausgesprochen werden, anzuführen.

des Verfassers geschätzter Werke, wenigstens mit einigen Worten zu gedenken. Bekanntlich hat er eine treffliche Abhandlung unter dem Titel: „Mieseo I., der erste christliche Beherrscher Polens" geschrieben, die unter anderem auch den Zeitraum, mit welchem ich mich in dem vorliegenden Werkchen befasst habe, berührt. Es freut mich nun nicht wenig constatiren zu können, dass meine Ansichten mit den Ansichten des genannten Schriftstellers oft übereinstimmen. Wenn es nicht immer der Fall gewesen, so dürfte der Grund dieser Erscheinung und besonders des Umstandes, dass ich einige von Zeissberg unberührte Punkte hervorgehoben habe, in der Anlage unserer Abhandlungen zu suchen sein. Bei der Abfassung seines Werkes war Zeissberg gezwungen, seine Aufmerksamkeit auf die gesammte Regierung Mieczysław's zu richten, ich aber konnte sie auf ein einziges Ereigniss concentriren.

So schliesse ich denn diese Zeilen, indem ich den Herren Universitätsprofessoren Dr. Krones und Dr. Krek für ihre trefflichen, wohlwollenden Bemerkungen meinen wärmsten Dank ausspreche.

WIEN, den 15. März 1874.

Karl Merwart.

Vor dem Zusammenstosse Polens mit Deutschland war das gesammte polnische Volk in eine Anzahl von kleinen Stämmen getheilt. Jeder Stamm bildete ein Gemeinwesen. Diese kleinen Staaten gediehen und entwickelten sich friedlich neben einander.[1]) Jede Republik war auf ihre eigenen Interessen bedacht, kümmerte sich wenig um die Nachbarstaaten und mischte sich nie in fremde Angelegenheiten. Die Polen hielten, so wie alle Slaven, die Freiheit für das höchste Gut. Für die Freiheit waren sie im Stande Alles zu opfern. Unterdrückung, Tyrannei war ihnen das Verhassteste.[2]) Es war also natürlich, dass

---

[1]) Vergleiche: Maciejowski, Slawische Rechtsgeschichte I., S. 73 u. folg. — Šafařik Okr., II. čl. 37. 3. — „Chaque famille formait une petite republique indépendante." Karamsin, Histoire de Russie I. p. 88. — Was hier von den Slaven im Allgemeinen gesagt wird, das findet wohl Anwendung auf die Polen. -- Ueber die poln. Zustände: Roepell, Geschichte Polens S. 82.

[2]) Illi (die Slaven) nichilominus bellum quam pacem elegerunt, omnem miseriam carae libertati post ponentes. Widukindus III., 20.

1

keiner der kleinen polnischen Stämme die Oberherrschaft über die anderen Stämme anstrebte. Das Gefühl, die Freiheit einem anderen zu rauben, war ihnen ebenso peinlich als das Gefühl der Freiheit selbst beraubt zu werden. Die nächste und wichtigste Folge dieser unbändigen Freiheitsliebe der polnischen Stämme war, dass diese ihre demokratische Verfassungsform um jeden Preis beizubehalten trachteten. Das war jedoch nicht immer möglich.

Manchmal wurde bald der eine, bald der andere Stamm gezwungen der allzugrossen Freiheit, wenn auch nur auf kurze Zeit, zu entsagen. Es ereignete sich nämlich oft, dass ein fremdes Völklein, des Raubes und der Beute wegen oder um seine Kriegslust zu befriedigen, in das Land der Polen einfiel und den ersten Stamm, auf dessen Wohnsitze es traf, angriff. Diesem Stamme blieb nun nichts übrig als sich einen Feldherrn zu wählen unter dessen Führung er gegen den kühnen Eindringling ins Feld zog, um diesen über die Grenzen seines Gaues zu vertreiben.

Die übrigen Stämme, welche nichts zu befürchten hatten, setzten ruhig ihre alte gewohnte Lebensweise fort, indem sie fern vom Kriegsschauplatze und Schlachtgetümmel, unter der ihnen so theuren demokratischen Regierungsform, ungestört ihren friedlichen und heiteren aber ewig gleichen Beschäftigungen oblagen. Es ist schwer zu bestimmen, wie lange dieser gesegnete politische Zustand in Polen gedauert haben würde, wenn nicht ein Ereigniss ihm plötzlich ein Ende gemacht hätte.

Seit Karl dem Grossen trachteten die Deutschen ihre Grenzen, vornehmlich nach Süden und Osten zu erweitern. Sie schritten rüstig auf den Bahnen, welche ihnen der grosse Heldenkaiser geebnet hatte, einher.

Mit Begeisterung nahmen sie die ihnen von Karl dem Grossen auferlegte Mission an, die heilige Mission, die angrenzenden Barbarenvölker zu germanisiren. Die mächtigsten und feindseligsten Nachbarn waren die Slaven. Kein Wunder also, dass die Deutschen ihre Angriffe vornehmlich gegen diese richteten. Lange Zeit hindurch nahmen diese Völker einen ansehnlichen Theil der kriegerischen Thätigkeit Deutschlands in Anspruch. Da die Slaven Heiden waren, so sahen die Deutschen die Einführung des Christenthums für das beste Mittel an, um dieselben in kürzester Zeit völlig zu unterjochen, völlig zu germanisiren. Unterwerfung, Christianisirung, Germanisirung reichten sich die Hand.[1]) Es waren dies, so zu sagen, fast identische Begriffe.

Jedoch ging die Germanisirung der Slaven keineswegs rasch vor sich. Langwierige, hartnäckige, blutige Kämpfe wurden geführt. Die sonst so friedlichen Slaven kämpften wie Rasende, als sie sahen, dass ihr theuerstes Gut, ihre Freiheit bedroht ist. Sie strengten alle ihre physischen und moralischen Kräfte in diesem Kampfe an. Sie wussten wohl, was für ein trauriges Loos ihnen beschieden war, im Falle sie unterliegen würden. Dieser schreckliche Gedanke stärkte ihre Energie, verdoppelte ihre Tapferkeit, feuerte sie unaufhörlich zum Kampfe

---

[1]) „Das Ziel, welches König Otto im Auge hatte, war augenscheinlich: die neuen Christen sollten durch Milde und Wohlthätigkeit für die Kirche und zugleich für die deutsche Herrschaft gewonnen werden." L. Giesebrecht, Wend. Gesch. I., S. 177. — Aehnlich dachten auch die Vorgänger Otto's I., jedoch legten sie weniger Gewicht auf Milde und Wohlthätigkeit. Im Gegentheil, in der Strenge und in der Unterdrückung sahen sie ein weit besseres Mittel, um schnell zum ersehnten Ziele zu gelangen.

an. Der Entscheidungskampf wurde für sie bald ein Verzweiflungskampf.

Eben in diesem aussergewöhnlichen Gemüthszustande der Slaven müssen wir vor Allem den Grund des langen, hartnäckigen Widerstandes der slavischen Stämme gegen die deutschen Waffen, den Grund der häufigen Erhebungen und Aufstände der ersteren gegen die letzteren, nach fast völliger Unterwerfung durch diese, suchen. Es lässt sich aber noch ein viel wichtigerer Schluss aus dieser Behauptung ziehen. Wir können dreist sagen, dass der traurige politische Zustand der Slaven, die erniedrigende Stellung, welche diese zu den Deutschen einnahmen, auf ihren ganzen Nationalcharakter einen wesentlichen, nicht sehr günstigen Einfluss ausübte. Die Unterdrückung, die Knechtschaft verwandelte gänzlich den Charakter der Slaven. Sie, die früher, als sie noch der völligen Unabhängigkeit sich erfreuten, edelgesinnt, aufrichtig, gutmüthig, treu und friedlich waren, wurden dann, als die Deutschen sie unterworfen hatten, rachsüchtig, tückisch, grausam und treulos. [1]) Ihr Herz war von einem Gefühle, von einer Leidenschaft beherrscht, dem Hasse gegen den Unter-

---

[1]) Helmold sagt in seiner Geschichte der Slaven Cap. 14: (eo quod) Slavorū animi naturaliter sint infidi & ad malum proni, eóq; cauendi. Ich finde es nicht der Mühe werth diese Ansicht zu widerlegen, da es doch schwerlich heutzutage Jemanden geben wird, der ihr beipflichtet. Im Gegentheil, heutzutage muss Jedermann zugeben, dass alle Slaven — in ihrer Gesammtheit betrachtet — gutmüthig, edelgesinnt, aufrichtig und gefühlvoll sind, dass aber einige Stämme derselben unter dem drückenden Joche einer langen und harten Knechtschaft, bösartig, rachsüchtig, treulos und grausam wurden, wie es auch ganz begreiflich ist. Vgl. Maciejowski: Slav. Rechtsgesch. I., S. 64—70, und Karamsin: Hist. de Russie I., p. 85 u. f.

drücker. Von nun an hatten sie nur ein Ziel vor Augen: Die verlorene Freiheit wieder zu erringen. Jedes Mittel, welches zum Ziele führte, war ihnen erwünscht: Gewalt, List, Verrath, Verbrechen — Alles. Natürlich erforderte jedes derartige gewagte Unternehmen eine einheitliche, kräftige Leitung. An der Spitze der für ihre Unabhängigkeit kämpfenden Slaven, musste ein tüchtiger Führer stehen, dem eine gleichsam dictatorische Gewalt anvertraut wurde. Alle mussten sich seinen Befehlen fügen, wenn sie Hoffnung auf den Sieg haben wollten. Für den Slaven, der die Freiheit über Alles schätzte, der an eine schrankenlose Freiheit von jeher gewöhnt war, konnte es aber nichts peinlicheres geben als das Gefühl einem Anderen gehorchen zu müssen, wenngleich dieser Andere ein seinem eigenen Stamme Angehöriger war. Doch nein. Es gab für ihn etwas noch viel peinlicheres als dieses Gefühl: das Gefühl, einem Fremden, einem verhassten Feinde gehorchen zu müssen, einem Feinde, der ihm nicht nur die theuerste Freiheit, aber auch das Theuerste der theuersten Güter eines Menschen, die Religion und die Nationalität raubte. Darum zog auch der Slave die vorübergehende Unterordnung der immerwährenden Knechtschaft, der völligen Vernichtung vor. Er verzichtete gern einstweilen auf die Freiheit, um dadurch ihren Besitz auf längere, auf ewige Zeiten sich zu sichern. Er folgte willig den Befehlen seines Führers auf dem Schlachtfelde. Man könnte nun wohl glauben, dass nach geendigtem Kriege der Führer seine dictatorische Würde niederlegte und dass sofort die Republik hergestellt wurde. Dem war aber nicht so. Im Gegentheil, der Führer behielt auch im tiefsten Frieden die ihm von seinen Stammesgenossen anvertraute Gewalt. Der Grund dieser eigenthümlichen Erscheinung mag wohl darin wurzeln, dass beide kämpfenden Theile, besonders aber die Slaven den Frieden wohl nur für einen Waffenstillstand ansahen. Während demselben sammelten sie ihre Streitkräfte und rüsteten sich mit Eifer zum neuen Kampfe. Natürlich lenkte diese Vorbereitungen derselbe Führer, der an der Spitze des Heeres gestanden war. Er benutzte diesen günstigen Umstand um seine Macht, seinen Einfluss zu befestigen und dieselben allenfalls vielleicht auf seine Nachkommen zn vererben. Dies gelang ihm leicht bei den conservativen Slaven, welche lange Zeit hindurch von dem Vorurtheile befangen waren, dass die Söhne edler Männer mit dem Namen auch die Tugend ihrer Väter erben.

Auf diese Weise entstanden slavische Reiche, ins Leben gerufen durch die eiserne Nothwendigkeit, die Freiheit vor den kühnen Angriffen mächtiger Feinde zu schützen.

So entstand das Reich des Samo (627—662) gegen die Avararen und Franken und das grossmährische Reich (822—907) gegen die Deutschen.

So erhoben sich auch die polnischen Stämme gegen das Ende des zehnten Jahrhunderts, um mit vereinten Kräften unter der Leitung eines einzigen Führers ihre Unabhängigkeit gegen die Waffen der Deutschen zu schützen. Dieser Führer war Mieczysław. [1])

Und es war wirklich schon Zeit, dass die polnischen Stämme sich vereinigen um den deutschen Waffen Trotz zu bieten. Die Gefahr nahte heran. Schon hatten die Deutschen die böhmischen Herzoge zinsflichtig gemacht, die an der Elbe wohnenden Slaven durch Gewalt

---

[1]) Die Rechtfertigung dieser Darstellung in der ersten Beilage.

und List unterworfen, einzelne slavische Länderstriche fast schon gänzlich germanisirt. Ueberall erhoben sich auf slavischem Boden Bisthümer, [1]) Kirchen und Klöster, die dem Hamburger Erzstift unterordnet wurden. Stolze Markgrafen und habsüchtige Burggrafen schalteten und walteten in den eroberten slavischen Ländern mit einer fast königlichen Macht. Ihre Herrschaft konnte sich nicht durch Menschlichkeit und Milde auszeichnen. Sie waren oft gezwungen harte, ja selbst grausame Massregeln zu ergreifen, um die wilden rebellischen slavischen Stämme zu bändigen. Unterdrückungen, Erpressungen, Misshandlungen aller Art waren an der Tagesordnung. Kein Wunder, dass die armen Unterdrückten die erste beste Gelegenheit ergriffen, um sich gegen ihre Tyrannen zu empören. Doch statt ihre Lage dadurch zu verbessern, verschlimmerten sie nur dieselbe. Die Empörung wurde gewöhnlich mit mehr oder weniger Glück unterdrückt, und jetzt wurde den Empörern ein hartes Loos zu Theil. Die Hauptanstifter des Aufstandes wurden hingerichtet, die übrigen Widerspenstigen zu Sclaven gemacht und in die Fremde verkauft.[2]) Für den seine Heimath mit so inniger Gluth liebenden Slaven war dies das grösste Unglück. Der Schmerz, von seinem Vaterlande entfernt leben zu müssen, führte oft seinen Tod herbei.

Dieses traurige Loos der Elbslaven war ihren Nachbarn, den Polen, wohl bekannt.

---

[1]) Nach 940 wurde in Aldenburg, 946 in Havelberg, 947 in Schleswig, 949 in Brandenburg je ein Bisthum errichtet. — Grossfeld: De archiepiscopatus Magdeburgensis originibus c. I. — L. Giesebrecht, I., S. 175.

[2]) Tunc omnia nostram prius aecclesiam respicientia divisa sunt miserabiliter, Slavonicae ritu familiae, quae accusata venumdando dispergitur. — Thietm. III., 9.

Die Polen bemitleideten ihre Brüder. Bald sollte das Mitleidsgefühl durch ein anderes Gefühl verdrängt werden. Als die Deutschen immer tiefer in das Innere der slavischen Länder siegreich vordrangen, und fast die Grenzen Polons erreicht hatten, da bemächtigte sich der Gemüther Aller die Furcht, bald das Loos ihrer unterdrückten Brüder theilen zu müssen. Ein Angriff seitens der Deutschen war in nächster Zeit zu erwarten. Er war unvermeidlich. Dieser Umstand rief eine eigenthümliche Bewegung unter den Polen hervor. Die drohende gemeinsame Gefahr näherte die kleinen Republiken, die bis jetzt ganz abgesondert gediehen hatten, an einander. Man traf gemeinschaftlich die nöthigen Anstalten zur Abwehr dieser Gefahr; man berieth gemeinschaftlich die Massregeln, welche zur Vertheidigung des Landes zu ergreifen waren; man rüstete sich zum Kampfe, welcher das Schicksal des ganzen Volkes entscheiden sollte; man entschloss sich endlich, in Anbetracht der aussergewöhnlichen Umstände, für die Dauer der Gefahr, auf die so theure Freiheit Verzicht zu leisten und sich einem einzigen Manne zu unterordnen, welcher das Volk zum Kampfe und Siege führen sollte. Dieser Mann sollte der tapferste und klügste sein. Die Wahl traf den Mieczyslaw.[1]) Die Wahl konnte nicht glücklicher ausgefallen sein.

---

[1]) Wenn ich sage Wahl, so meine ich hier nicht eine Wahl nach unseren heutigen Begriffen. Man darf sich nicht vorstellen, dass Mieczyslaw auf eben die Weise zum Herzog gewählt wurde, wie heutzutage in Amerika ein Staatsbürger der Vereinigten Staaten zu deren Präsidenten.

Nicht auf einer einzigen Versammlung, sondern allmählich wurde die Wahl Mieczyslaw's eingeleitet und entschieden. Zuerst wählte ihn bei einer gewöhnlichen oder aussergewöhnlichen Berathung der

Mieczysław stammte aus einer angesehenen Familie, deren Mitglieder sich schon vielleicht in den Kämpfen mit den Dänen, Normannen und anderen Völkern, die

Gau, wo er ansässig war, zu dessen Verbande seine Familie gehörte, wenn er nicht — was auch wahrscheinlicher ist — schon früher an der Spitze dieses Gaues gestanden war. Im Laufe der Zeit, als die, durch die herannahende Gefahr, hervorgerufene Furcht bei den polnischen Stämmen sich immer stärker zeigte, sich immer mehr der Gemüther bemächtigte, schloss sich ein Gau nach dem anderen dem oben erwähnten Gaue an, unterwarf sich auch der dictatorischen Gewalt des Mieczysław und erkannte diesen für seinen Herzog an.

Zuletzt war dieser Föderativstaat so gross, Mieczysław so mächtig und seine Streitmittel so bedeutend, dass der neue polnische Herzog die entfernteren polnischen Stämme, welche, da sie weniger den Angriff der Deutschen zu befürchten hatten, nicht die Nothwendigkeit einsahen, auf ihre Freiheit zu verzichten, und ihre republikanische Staatsform abzuschaffen, sondern vielmehr diese um jeden Preis auch fernerhin zu behalten trachteten und sich demnach dem Polenherzoge freiwillig nicht unterwerfen wollten, — dass, sage ich, Mieczysław diese Stämme zur Anerkennung seiner Herrschaft durch Waffengewalt zwingen konnte.

Allmählich gelang ihm dies auch. Und nun erweiterten sich rasch die Grenzen des jungen Reiches. Mit der Vergrösserung des Reiches nahm auch Mieczysław's Macht im Innern zu. Ist er anfangs nur der primus inter pares und handelt er nach dem Willen des Volkes, an welches er bei jeder wichtigen Angelegenheit appelliren muss, so wird er jetzt in seiner neuen Stellung als Feldherr vollkommen selbstständig. Er handelt nach seinem eignen Gutdünken. Er allein trifft die endgiltigen Entscheidungen. Nur sein Wille ist massgebend.

Alle, ausnahmslos, mussten seine Befehle ausführen, ohne Vorstellungen und Einwendungen wagen zu können. Zwischen dem Herzoge und seinem Volke tritt jetzt dasselbe Verhältniss wie zwischen dem Feldherrn und seinem Heere ein.

Nie haben die polnischen Fürsten so absolut regiert, als zur Zeit, wo Polen sich zu einem Staate consolidirte, das ist vom Jahre 963 bis zum Jahre 1139.

vor alten Zeiten Einfälle in Polen machten, ausgezeichnet
hatten und in ihrer Heimath, in den Gauen von Gnesen,
Kruszwice und Posen einiges Ansehen genossen, vielleicht
auch eine hervorragende Stellung einnahmen. Doch nicht
die Geburt allein war es, was man Mieczyslaw als Verdienst anrechnete. Dieser Mann besass in vollstem
Masse alle Eigenschaften, welche erforderlich waren,
um die schwierige Aufgabe, die ihm von dem polnischen Volke auferlegt wurde, würdig zu lösen. Mieczyslaw war tapfer, ohne — was uns bei einem
Polen verwundern sollte — tollkühn zu sein. Er
stürzte sich nicht durch einen falsch aufgefassten
Heldenmuth getrieben blindlings in die Gefahr hinein.
Er nahm nie, durch Selbstüberschätzung, durch eitlen
unsinnigen Ehrgeiz geleitet, den Kampf mit einem
zu sehr überlegenen Gegner auf, um dann schmählich zu unterliegen und zu Grunde zu gehen. Bevor
er das Schlachtfeld betrat, mass er mit Kennerblicken
die Streitkräfte seines Gegners, erwog mit Scharfsinn
und kalter Ueberlegung alle günstigen und ungünstigen
Factoren. Sah er die Wahrscheinlichkeit des Sieges auf
der Seite des Gegners, so verzichtete er auf ein unnützes
Blutvergiessen und mied den Kampf, insoweit ihm dies
möglich war, insoweit er dadurch keine bedeutenden
Nachtheile seinem Volke zuzog. Im entgegengesetzten
Falle schritt er muthig mit seinen tapferen Schaaren
zum Angriff. Die langsame, kalte Ueberlegung hemmte
aber keineswegs seine Thatkraft. Bedächtig und umsichtig alle Umstände erwägend, bis er eine Entscheidung getroffen hatte, entwickelte er nichtsdestoweniger
eine erstaunliche Energie und Schnelligkeit beim Vollführen des einmal gefassten Entschlusses. Hatte ihn der
Gegner noch unvorbereitet angetroffen, und konnte er dem

Angriffe nicht ausweichen ohne sein Vaterland grossen Gefahren auszusetzen, so zog er auch den unsinnigsten und verderblichsten Kampf einem schmählichen und vielleicht noch verderblicheren Rückzug vor. Die Verzweiflung verdoppelte seine Thatkraft, seine Tapferkeit. Er focht dann mit wahrem Löwenmuthe. Doch nicht nur Proben seines Muthes legte er in diesem Kampfe, vor den Augen des erstaunten Gegners ab; er entwickelte auch andere werthvolle militärische Eigenschaften, als Gewandtheit im Manövriren und Kriegslist, und zwar beide in so hohem Grade, dass ihn mancher Taktiker unserer Zeit darum beneiden könnte.[1]) Ausser diesen Feldherrntalenten besass er aber auch noch solche schätzbare Eigenschaften, die Einen zum ausgezeichneten Politiker und Diplomaten machen. Mit bewunderungswürdiger Gewandtheit und Leichtigkeit verstand es Mieczysław sich in die Verhältnisse zu fügen, den Umständen gemäss zu handeln.[2]) Mit grossem Scharfsinn wusste er den richtigen Zeitpunkt zu ermitteln, in welchem er seinen Gegner angreifen, oder mit demselben Frieden schliessen sollte. Er besass auch die schwierige Kunst, zeitig genug vor dem Sturme sein Schiff in den sicheren Hafen zu lenken, die schwierige Kunst, mit leichten Opfern den Besitz grosser Vortheile sich auf immer zu sichern, die schwierige Kunst, den Gegner durch geringe Concessionen zufrieden zu stellen — indem er ihm diese Concessionen als sehr bedeutende erscheinen lässt —

---

[1]) Die Richtigkeit dieser Charakteristik, wird man aus dem Folgenden ersehen.

[2]) * W postępowaniu jego widać chłopski rozum; uległy gdzie konieczność wymaga, umie korzystać z chwili i energicznie wystąpić. Szujski, Dzieje Polski, I. str. 56.

* In seinem Benehmen gibt sich der gesunde Verstand kund; nachgebend, wenn es die Nothwendigkeit erfordert, weiss er den günstigen Augenblick zu benützen und energisch aufzutreten.

ihn dadurch von weiteren feindlichen Massregeln abzuhalten, und so seine theuersten Güter dem Verderben zu entziehen. Alle diese glänzenden, herrlichen Eigenschaften besass der von den Polen zu ihrem Herzog erwählte Mieczysław. Dennoch verfloss eine geraume Zeit, bis es Mieczysław gelang seiner neuen dictatorischen Würde die Anerkennung aller polnischen Stämme zu verschaffen. Trotzdem die Polen wohl einsahen, dass sie nur vereinigt, nur unter einer einheitlichen Leitung handelnd, die drohende Gefahr abzuwenden vermöchten, trotzdem sie dieser Einsicht gemäss einen Herzog gewählt hatten, konnten sie sich, als es sich darum handelte das Vorhaben auch wirklich auszuführen, als der Herzog den ihm gebührenden, unbedingten Gehorsam von ihnen forderte, konnten sie sich doch nicht entschliessen, auf die theure Freiheit so plötzlich Verzicht zu leisten. Sie verweigerten Mieczysław den Gehorsam.[1] Die Lage des Polenherzogs war keine angenehme. Kaum zum Herzog gewählt und schon der Gewalt entsagen müssen! Das wollte er nicht, das konnte er nicht. Er wusste wohl, thäte er dies, so würde sein Vaterland, durch republikanische Wirren zerrissen, durch feindliche Einfälle geschwächt, untergehen müssen. Mit der Zeit und mit einiger Mühe gelang es ihm doch die Männer seiner nächsten Umgebung, die Bewohner der nächsten Gaue für sich zu gewinnen. Weit schwieriger war es die Anerkennung der fernewohnenden Stämme sich zu ver-

---

[1] Mais leur amour excessif pour la liberté, et leur haine pour toute espèce de contrainte, leur faisaient limiter l'autorité de ces chefs, auxquels ils désobeissaient souvent dans les combats même. — Karamsin I. p. 88.

schaffen. Man musste sie förmlich durch List und Gewalt zu dieser Anerkennung zwingen, sie unterwerfen. Mieczysław musste seine Stellung durch Waffen erkämpfen. Das war ein langwieriger Kampf. Man focht mit abwechselndem Glücke. Es verflossen wohl etliche Jahre, bis sich endlich die Siegesgöttin entschloss auf die Seite des neuen Herzogs zu treten, und sein kühnes Unternehmen mit dem wohlverdienten glänzenden Erfolge zu krönen. [1]) Während nun Mieczysław mit der Unterwerfung der widerspänstigen polnischen Stämme, mit der Befestigung seiner Macht im Innern beschäftigt war, drohte ein gewaltiger Sturm von Westen, von Deutschland her, über Polen hereinzubrechen.

Ich habe schon früher erwähnt, dass die Deutschen ihre Eroberungszüge bis zu den Grenzen Polens ausgedehnt hatten.

Um den dauernden Besitz des unterworfenen Gebietes sich zu sichern, gründeten sie Grenzmarken, welche zugleich die Bestimmung hatten als feste Ausgangspunkte zu neuen Eroberungen zu dienen.

So gründete Otto der Grosse in den eroberten slavischen Ländern die Ostmark und erhob daselbst den Grafen Gero am Unterharz zum Markgrafen. [2]) Ein schwieriger Posten war dies, aber auch Gero der Mann

---

[1]) Ueber die Kämpfe Mieczysław's mit den polnischen Stämmen siehe die zweite Beilage.

[2]) Gero, Orientalium marchio ... — Thietmar II., 9. Ausser der Grenzgrafschaft im Süden des Nordthüringergau, welche vor ihm Siegfried besass, gebot Gero über die weiten Flächen, welche im Westen zwischen Saale und Elbe, im Osten der Bober und Oder vom Nordabhange des Riesengebirges bis zur Elde und Peene sich erstreckten. Siehe Zeissberg: Miseco I. im Archiv für österr. Gesch., 38 B., S. 34.

würdig und geeignet ihn zu bekleiden. Schwierig war die Aufgabe, die dem neuen Markgrafen auferlegt wurde, aber auch Gero der Mann, der ihr vollkommen gewachsen war. Die Wahl dieses Mannes zu diesem Posten war nur noch ein Beweis mehr, dass Otto der Grosse die für einen Regenten unentbehrliche und doch so seltene Eigenschaft, die Aemter mit passenden Männern zu besetzen, die Rollen richtig zu vertheilen, im vollsten Masse besass. Diese Wahl macht Ehre dem deutschen Kaiser. Er hätte nicht eine bessere treffen können.

Gero war unerschrocken, tapfer und kriegskundig, wie es ein Mann sein musste, der die Aufgabe hatte, kriegerische und durch alle möglichen Gefahren und Entbehrungen abgehärtete Völker zu unterjochen und dieselben auch in Abhängigkeit zu erhalten. Er war schlau und listig, wie es ein Mann sein musste, der oft mit der Schlauheit und der List seiner Gegner zu kämpfen hatte.

Unbeugsam im Vorhaben, energisch im Handeln, consequent in der Ausführung des einmal gefassten Entschlusses, wusste er mit Leichtigkeit den widerspenstigen Gemüthern zu imponiren, dieselben im Zaume zu halten. Klug im Rath, überzeugend in der Rede, scharfsinnig im Beurtheilen der Menschen, auf den ersten Blick den Einfluss und die Tragweite der Ereignisse zu würdigen wissend, war er ein nicht minder tüchtiger Staatsmann als ein tapferer Feldherr. Wenn ich zu diesen herrlichen Eigenschaften noch eine hinzufüge, die für uns heutzutage nur einen geringen Werth hat, die man aber in jenen Zeiten nie zu hoch angeschlagen zu haben meinte, nämlich die Frömmigkeit, so werden wir das vollständige und getreue Bild des Markgrafen Gero vor unseren Augen haben.¹) Einem Manne solchen Schlages musste auch Alles gelingen.²) So war es auch. Trotz aller Schwierigkeiten, aller Hindernisse, mit denen er zu kämpfen hatte, hat er doch seine Aufgabe gelöst, die Herrschaft der Deutschen in den wendischen Marken endgiltig befestigt und die Grenzen derselben erweitert. Es wird wohl jedem einleuchten, dass Gero, beim Erreichen eines solchen Zieles, nicht immer die

---

¹) Erant quippe in Gerone multae artes bonae, bellandi peritia in rebus civilibus bona consilia, satis eloquentiae, multum scientiae, et qui prudentiam suam opere ostenderet quam ore; in adquirendo strenuitas, in dando largitas, et quod optimum erat, ad cultum divinum bonum studium. — Widukind III., 54.

²) Ingressus (Lindulfus) vero urbem, portam orientalem obsidentem armis temptat Geronem, tot victoriis quot proeliis clarum. — Widukind III., 37. Vielleicht wird Jemand finden, dass das Bild Gero's noch nicht ganz getreu und vollständig ist, dass in demselben noch der Zug der Grausamkeit fehlt, besonders wenn man an die Ermordung der dreissig slavischen Fürsten denkt, von der uns Widukind (II. 20) erzählt. Mir scheint jedoch, dass diese einzige That noch nicht die Grausamkeit als Charakterzug beweist, besonders, da wir nach alledem was wir von dem Charakter Gero's wissen, allen Grund haben zu vermuthen, er habe diese That nicht aus Rache, sondern aus Politik vollführt. Was ist diese That Gero's im Vergleiche zu den Gräuelthaten eines Robespierre, und doch wissen wir sehr gut, dass Robespierre nicht grausam, sondern im Gegentheil sehr edelgesinnt war. Es wundert mich, dass W. Giesebrecht in seiner Geschichte der deutschen Kaiserzeit (I., 277) andeutet, Gero habe den Mord aus Rache begangen. Er sagt an der erwähnten Stelle: So machten sie einst den Anschlag, Gero, wenn er sich sicher dünkte, zu überfallen und zu tödten, doch er war listiger als sie und vergalt ihnen die Tücke ihres Herzens. Ich glaube nun recht gethan zu haben, wenn ich bei der Darstellung des Charakters Gero's den Zug der Grausamkeit nicht erwähnt habe. Auch der Cont. Regin. spricht sich lobend über den Markgrafen aus. Er sagt a. a. 965: Eodem anno Gero, marchionum nostri temporis **optimus** et **praecipuus** obiit.

edelsten Mittel gebrauchen konnte. Bei der Wahl der Mittel konnte er sich nicht durch Gewissensskrupel leiten lassen, sondern musste vielmehr lediglich auf den Nutzen seine Aufmerksamkeit richten. Oft war er in einer Lage, wo er List dem offenen Kampfe, Gewalt dem Rechte vorziehen musste, wenn er nicht seine gute Stellung opfern, oder einen bedeutenden Schaden erleiden wollte.

So geschah es einmal, dass die Slaven gegen ihn, den verhassten Tyrannen, sich verschworen und seinen Tod beschlossen hatten. Gero erfuhr ihren mörderischen Anschlag. Sogleich erkannte er die Bedeutung dieser Verschwörung. Es wurde ihm klar, dass die Slaven nicht so sehr aus Hass gegen ihn nach seinem Leben trachteten, sondern dass sie vielmehr immer als Hauptziel ihres Strebens, die Wiedererlangung der ursprünglichen Freiheit, die gänzliche Losreissung vom Reiche fest im Auge behielten, und seinen Tod nur beschlossen hatten, weil sie durch denselben freieres Spiel zu erlangen und somit ihr Ziel leichter zu erreichen glaubten. An dem eigenen Leben war Gero, einem Manne, der dem Tode so oft in die Augen geschaut hatte, wenig gelegen. Wäre er sicher gewesen, dass die Slaven nichts anderes, als blos nur seinen Tod beabsichtigt haben, so hätte er sich wenig um ihren Anschlag gekümmert. Da er aber überzeugt war, dass sein Tod nur das Zeichen zu einem allgemeinen Aufstande aller slavischen Stämme werden konnte, einem Aufstande, dessen Folgen nicht vorauszusehen waren, und der für die Deutschen sehr nachtheilig auslaufen konnte, so beschloss er sogleich die Verschwörung noch in ihrem Keime zu unterdrücken. Er lud die Häuptlinge der slavischen Stämme, dreissig an der Zahl, zu einem herrlichen Gastmahle. Fröhlich wurde gezecht. Die erlauchten Gäste, gutmüthig und treuherzig, wie sie waren, ahnten nichts Arges. In dem zuvorkommenden Benehmen ihres Wirthes erblickten sie den ersten Schritt Deutschlands zur Friedenspolitik, und gaben sich der süssesten Hoffnung und Freude hin. Doch kurz währte diese. Auf ein gegebenes Zeichen stürzten plötzlich Gero's verruchte Häscher auf die slavischen Fürsten und in einem Augenblicke lagen dreissig Leichen da. Der Markgraf freute sich ob des gelungenen Streiches. Jetzt meinte er, sei die Verschwörung unterdrückt, da die Häupter derselben nicht mehr am Leben sind. Doch bald merkte er, dass er sich geirrt hatte. Statt, dass die Ermordung der dreissig Häuptlinge den Slaven hätte Schrecken eingejagt, sie von jedem gewagten Unternehmen abgehalten und den Aufstand unterdrückt, rief sie nur eine allgemeine Entrüstung bei diesen Stämmen hervor, flösste denselben Rachegedanken ein, reizte sie zu neuen blutigen Aufständen und Angriffen.

In einer so kritischen Lage konnte nur ein Mann, wie Gero es war, sich Rath schaffen. Ihm haben auch hauptsächlich die Deutschen zu verdanken, dass ihre Suprematie über die slavischen Völker damals nicht gänzlich verloren gegangen ist. Durch Anwendung aller Mittel, die ihm zu Gebote standen, gelang es Gero allmählich den Aufstand zu unterdrücken und die alte Ordnung in den slavischen Marken wieder herzustellen. Doch diese Ruhe in den slavischen Ländern war trügerisch. Sie glich der Stille vor dem Gewittersturme. Ein geringer Umstand reichte hin um einen neuen Aufstand zu veranlassen. Ein Funke — und das Ganze loderte wieder in hellen Flammen auf. Wenn die eiserne Faust des Siegers mit nur etwas geringerer Wucht auf der Brust des Besiegten gelastet hätte, wenn der

Besiegte nur hätte aufathmen können, er hätte die schmählichen Bande der Sclaverei zerrissen, er hätte, ein Riese an Kraft, sich erhoben, um, ein Held an Tapferkeit, zu kämpfen und zu siegen. Doch die eiserne Faust des Siegers lastete mit immer grösserer Wucht auf der Brust des Besiegten. Umsonst strengte der arme Unterdrückte den Rest seiner Kräfte an, um sich von dem Drucke der eisernen Faust zu befreien. Umsonst! In diesem nutzlosen Ringen erschöpfte er nur gänzlich seine Kraft und als der Augenblick erschien, in welchem die Kraft des Siegers vorübergehend zu schwinden anfieng, da war der Besiegte schon zu schwach um seinen Tyrannen zu besiegen. Nach einem verzweifelten, aber erfolglosen Kampfe, musste er sich wieder die Ketten anlegen lassen.

Das war das Resultat der Politik Gero's.

Diese Politik des Markgrafen kannten denn auch gut die Polen und ihr Herzog Mieczysław in dem Augenblicke, als Gero beschlossen hatte, auch diese Stämme seiner Herrschaft zu unterwerfen. Da er die Streitmittel der Polen nicht kannte, so wollte er möglichst vorsichtig zu Werke gehen. Er war vielleicht eben mit dem Entwerfen des Planes zu einem Feldzug gegen Polen beschäftigt, als sich ihm durch die Ankunft des Grafen Wichmann die Gelegenheit darbot, diesen Plan zu einem Meisterwerk zu machen.

Wer ist Graf Wichmann?

Eine Persönlichkeit, welche von nun an eine nicht unbedeutende Rolle in der polnischen Geschichte spielt. Darum sei es mir auch erlaubt mit einigen wenigen Strichen diesen Mann zu charakterisiren.

Graf Wichmann stammte aus dem edlen Geschlechte

der Billinger. Ueberdies war er mit dem Kaiser [1]) verwandt und war der Neffe des mächtigen Sachsenherzogs Hermann. [2]) Auch mit dem gewaltigen Gero war er verschwägert, da seine Schwester Hathuvi des Markgrafen Sohn, Siegfried, geheiratet hatte. Unermesslicher, nie zu befriedigender Ehrgeiz, grenzenlose Tollkühnheit, zähe Ausdauer in der Widerspenstigkeit, im Negiren und Oponiren, unbändiger Freiheitssinn, fortwährendes, rastloses Ringen nach einem unerreichbaren Ziele — sind die kennzeichnenden Hauptmerkmale des Charakters Wichmanns. Von viel grösserer Bedeutung als der Charakter des Grafen ist für uns die Kenntniss seiner Stellung im Reiche und seiner bisherigen politischen Laufbahn. Als Verwandter des Kaisers glaubte sich Wichmann berechtigt, eine bedeutende und einflussreiche Stellung im Reiche einzunehmen. Seiner Ueberzeugung nach, gebührte ihm jedenfalls wenigstens eine Markgrafen- oder Herzogswürde. Er glaubte sich zu dieser Stellung um so mehr berechtigt, als sie, seiner Meinung nach, bereits seinem Vater gebührt hätte und als eine solche sein Oheim jetzt eben bekleidete. Doch der Kaiser

---

[1]) Der Grossvater Kaiser Otto's hatte eine Billinger geheiratet und Wichmann's Vater hatte sich mit der Schwester Mathildens vermählt. W. Gies. 1., 223.

[2]) Hermann's Stellung war vor dem Jahre 953 von der Stellung Gero's nicht verschieden. Das Gebiet Hermann's lag nördlich von Gero's Gebiet. Ueberdies hatte jener noch die legatio über die Wagrier und Abodriten. Im Jahre 953 wurde er Procurator in Sachsen, welcher Ausdruck besonders auf die pfalzgräfliche Thätigkeit zu beziehen ist. Im Jahre 961 machte ihn Otto zum „Vicar." Diese Würde ist der Herzogswürde sehr nahe verwandt. (Vgl. Zeissberg S. 34.) Wenn ich nun Hermann den Herzogitel beilege, so kann mir, glaube ich, es Niemand übel nehmen.

und der Herzog von Sachsen waren ganz anderer Meinung. Sie fanden die Ansprüche des ehrgeizigen, ungestümen Jünglings vollkommen unbegründet und zu übertrieben, als dass denselben Rechnung hätte getragen werden können; ja sie sahen sogar diese Ansprüche für höchst gefährliche an und beschlossen dieselben dem unternehmenden und kühnen Gräflein auf jegliche Weise zu vertreiben. Dies war nicht so leicht, als es auf den ersten Blick zu sein schien. Das wilde, trotzige Gräflein liess sich nicht durch Drohungen einschüchtern, durch Gewaltmassregeln bändigen. Wichmann bereitete noch manchen bitteren Kummer seinem edlen Oheim und seinem erlauchten kaiserlichen Verwandten. So betheiligte er sich im Jahre 953 an der Verschwörung und dem Aufstande Ludolf's gegen seinen Vater und Kaiser.[1] Er war einer der eifrigsten Helfershelfer des abtrünnigen Sohnes. Er bewog auch seinen eigenen jüngeren Bruder Ekbert bei allen seinen Streichen ihm mit Rath und That beizustehen. Beide begaben sich nun, als der Aufstand Ludolf's unterdrückt ward, nach Sachsen und hörten nicht auf gegen ihren Oheim zu agitiren, Verschwörungen anzuzetteln, Unruhen zu stiften und Verbindungen mit den auswärtigen Feinden des Reiches, hauptsächlich mit den bösen Nachbarn, den Slaven, einzugehen. Doch die Ausführung aller dieser bösen Ränke und Anschläge, welche Wichmann und Ekbert ausgebrütet hatten, scheiterte an der Umsicht und Thatkraft ihres Oheims. Beide wurden gefangen genommen, und nachdem über sie Gericht gehalten worden war, wurde Wichmann verurtheilt, am Hofe Otto's in Haft zu verbleiben. Doch bald gelang es ihm

---

[1] Vergl. Widukind II., 23 - 25, und W. Giesebrecht I., 378.

zu entfliehen. Er verband sich wieder mit seinem Bruder und beide gingen jetzt zu ihren Bundesgenossen, den Slaven. An der Spitze dieser Stämme griffen sie nun ihren Oheim an.[1]) Durch Verrath errangen die Slaven den Sieg. Das ganze sächsische Heer wurde niedergemetzelt. Die Strafe jedoch blieb nicht lange aus. Nach der siegreichen Schlacht am Lechfelde, wandte Otto sein Schwert gegen die Slaven. Am 16. October 955 kam es zu einer Schlacht, welche mit der völligen Niederlage der Slaven endete. Stoinef, ihr Anführer, büsste den Verrath mit seinem Leben. Die wirklichen Urheber und Anstifter alles Uebels, Wichmann und Ekbert, entzogen sich durch die Flucht nach Frankreich dem Arme der Gerechtigkeit.[2]) Doch wir sehen bald den Grafen Wichmann wieder bei seinen treuen Bundesgenossen, den Slaven, weilen. Dies hatte zur Folge, dass zum dritten Male im Jahre 958 ein sächsisches Heer gegen ihn geschickt wurde. Wichmann sah nun ein, dass es ihm jetzt sehr schlecht gehen könnte.

Er zog nun eine vorübergehende Unterwerfung dem Verderben vor. Er unterwarf sich auch wirklich dem Markgrafen Gero und schwor in Gegenwart Otto's einen schrecklichen Eid, durch welchen er sich verpflichtete nie Etwas gegen seinen Kaiser, gegen das Reich zu unternehmen. Der Eid hinderte aber den Grafen Wichmann nicht, nach einiger Zeit sein unruhiges Leben wieder fortzusetzen. Er trachtete jetzt den Dänenkönig Harald für seine verrätherischen Pläne zu gewinnen. Sein Versuch scheiterte jedoch an dem Misstrauen

---

[1]) Vergl. Widukind. III., 29, 50—55, 59, 60, 64.

[2]) Rex inde revertens, in Sclavos hostem dirigit, ubi simili potitus victoria, vasta illos caede prosternit ... Wigmannus expellitur. Cont. Regin. a. a. 955. Pertz SS. I., p. 613—629.

Harald's. Herzog Hermann ward von Allem unterrichtet. Die Helfershelfer Wichmann's wurden aufgeknüpft. Er selbst entging kaum gleicher Strafe. Er begab sich nun an den Hof Gero's, seines Verwandten, um dort unter dem Schutze des Markgrafen ungestraft neuen Verrath gegen seinen Oheim und gegen seinen Kaiser brüten zu können. Gero war über dessen Ankunft hocherfreut. Eben brauchte er einen solchen Mann wie es Wichmann war, um einen Plan, den er vielleicht schon lange und reiflich erwog, zur Ausführung zu bringen.

Es handelte sich nämlich um nichts weniger, als um die Unterwerfung Polens. Nie hatte sich noch Gero mit diesem Gegner im Kampfe gemessen. Er kannte nicht die Beschaffenheit des Landes, er kannte nicht die Kampfweise seines Gegners, er kannte nicht seine Streitkräfte, nicht den Grad seiner Tapferkeit und seiner Schlagfertigkeit. Er getraute sich daher nicht ihn blindlings, geradewegs anzugreifen, da er sich leicht in diesem Falle hätte der Gefahr aussetzen können, von dem Gegner geschlagen zu werden. Der Feldzug gegen die Polen sollte nach einem kunstvollen Plane entworfen sein, weil dieser Feldzug für die deutschen Waffen ein siegreicher werden musste. Denn misslang dieser erste Versuch, so war vorauszusehen, dass die Polen zu einem zweiten Kampfe mit grösserer Zuversicht sich stellen, dass sie also mit grösserem Muthe sich schlagen werden, während das moralische Element bei der Soldateska Gero's bedeutend gesunken sein würde.[1] Nach genauer Ueber-

---

[1] Wer die Art und Weise kennt, auf welche Heinrich I. das stehende Heer in den Markgrafschaften organisirt hatte, der wird sicherlich den Ausdruck „Soldateska" gerechtfertigt finden.

legung und gründlicher Berathung mit Wichmann, stellte Gero den Plan zu diesem Feldzug definitiv fest. Im höchsten Grade einfach, gibt dieser Plan nichtsdestoweniger sprechende Beweise für die glänzenden militärischen Fähigkeiten des Markgrafen. Nach diesem Plane sollte Gero dem Grafen Wichmann, unter dem Vorwande, dass er ihn nicht mehr beschützen könne,[1]) ohne sich zu compromittiren, den Aufenthalt an seinem Hofe verbieten. Wichmann sollte sich nun zu den Slaven, welche ihn dem Gero ausgeliefert hatten, begeben und ihr Vertrauen zu gewinnen trachten. War ihm dies gelungen, so sollte er dieselben durch was immer für Mittel zum Angriff gegen die Polen zu bewegen suchen. Natürlich sollte er auch dann den Oberbefehl über das slavische Heer führen. Wenn nun die Polen in

---

[1]) Den Grund der Entlassung Wichmann's gibt folgende Stelle Widukind's an: „Gero igitur comes non inmemor iuramenti, cum Wichmannum accusari vidisset reumque cognovisset, barbaris, a quibus eum assumpsit, restituit. III., 66." Roepell und Zeissberg wollen unter dem iuramenti einen Schwur verstehen, durch welchen Gero für das Leben Wichmann's sich hätte verbürgt haben sollen. Um diese durch keine Quelle begründete Behauptung aufstellen zu können, müssen beide Gelehrte zu gekünstelten Combinationen Zuflucht nehmen. Ist es denn nicht viel einfacher und demnach auch viel richtiger unter dem Ausdrucke „iuramentum" den Eid, den Wichmann, wie uns Widukind einige Zeilen früher berichtet hat, dem Kaiser geleistet hatte, zu verstehen? Dann lässt sich ja auch diese so dunkle Stelle leicht auf folgende Weise erklären. Gero sieht den Wichmann angeklagt. Er findet ihn schuldig. Er gedenkt ferner des Eides, durch welchen dieser dem Kaiser gegenüber sich verpflichtet hat, nie etwas gegen das Reich zu unternehmen. Er erkennt, dass das Leben des Eidbrüchigen in Gefahr ist, und um seinen Verwandten zu retten, ohne sich selbst zu compromittiren, schickt er ihn den Slaven zurück.

diesem Kampfe als sehr überlegene Gegner sich gezeigt, und Wichmann gleich beim ersten Zusammenstosse eine gewaltige Niederlage erlitten hätte, sollte er sich zurückziehen, und der Feldzug wäre nach diesem unglücklichen Versuche abgebrochen worden. Der ganze Feldzug wäre in diesem Falle nur ein Recognoscirungsgefecht gewesen, und hätte dazu gedient, die Stärke und Gewandheit des Gegners zu erproben, hätte aber überdies den grossen Vortheil gehabt, dass der Ruhm der deutschen Waffen gar nicht durch die allfällige Niederlage zu leiden gehabt haben würde. Alle Schmach fiele dann auf die slavischen Stämme. Doch hätte Wichmann mit seinen Slavenschaaren gleich beim Beginne des Feldzugs in den ersten Gefechten einen, wenn auch unbedeutenden Sieg über die Polen davongetragen, — was von den Feldherrntalenten des sächsischen Grafen und den kriegerischen Anlagen des slavischen Heeres auch zu erwarten war, — so gestalteten sich die Dinge ganz anders. Auf die Kunde des Sieges Wichmanns, sollte auch Gero an der Spitze seines Heeres gegen die Polen aufbrechen, sie im Rücken angreifen und entweder zur völligen Unterwerfung zwingen, oder die Widerspenstigen gänzlich vernichten.

Das war der Plan Gero's. Um der Mitwirkung Wichmann's bei der Ausführung dieses Planes sich zu versichern, stellte wahrscheinlich Gero dem ehrgeizigen Grafen, im Falle das Unternehmen gelingen würde, die Verwirklichung dessen kühner Pläne, die Erlangung der Gunst Otto's, die Erlangung der einflussreichen Stellung im Reiche, als Belohnung für die glänzende und nützliche That in Aussicht. Wir werden später erfahren, ob es denn Gero wirklich mit seinem Versprechen auch ehrlich meinte. Da doch die Erfüllung des Versprechens nicht schwierig zu sein schien, so erregte dieses nicht das leiseste Misstrauen in Wichmann's Brust. Der nach Heldenthaten und Waffenruhm dürstende Jüngling ging freudig auf den Vorschlag des schlauen Markgrafen ein, und beide begannen sogleich ihre Aufgaben zu lösen.[1]) Wichmann verliess den Hof Gero's und ging zu den Slaven. Gero rüstete sich zum Kampfe. Alles ereignete sich so, wie es der Markgraf nur hat wünschen können. Sein Plan bewährte sich völlig als ein meisterhafter. Das Unternehmen gelang über alle Erwartung. Wichmann griff,[2]) an der Spitze seiner früheren Bundesgenossen, der Slaven (wahrscheinlich der Lutizen), den Polenherzog Mieczysław an. Gleich im ersten Treffen errang er einen Sieg über denselben; ein Zeichen, wie schwach die Streitmacht Mieczysław's, wie wenig schlagfertig der Polenherzog noch damals war. Jedoch musste dieser Sieg keineswegs bedeutend gewesen sein, denn wir erfahren, dass Wichmann und Mieczysław gleich nach diesem ersten Siege des sächsischen Grafen, noch eine Schlacht geschlagen haben, sei es dass Wichmann durch einen zweiten Sieg die Kraft seines Gegners gänzlich zu brechen meinte und ihn deshalb zum zweiten Male angriff, sei es dass Mieczysław sich zu revangiren hoffte und den Kampf selbst anbot. Auch das zweite Treffen

---

[1]) Siehe dritte Beilage.

[2]) Gero igitur comes non inmemor iuramenti, cum Wichmannum accusari vidisset reumque cognovisset, barbaris, a quibus eum assumpsit, restituit. Ab eis libenter susceptus, longius degentes barbaros crebris proeliis contrivit. Misacam *) regem, cuius potestatis erant Slavi qui dicuntur Licicaviki, duabus vicibus superavit, fratremque ipsius interfecit praedam magnam ab eo extorsit. — Widukindus III., 66.

*) Die für mehrere Forscher und selbst für Roepell noch zweifelhafte Identität des Misaca Widukind's und des polnischen Miseco anderer Quellen hat Zeissberg trefflich nachgewiesen.

endete mit der Niederlage der Polen. Der Polenherzog hatte überdies noch den Verlust eines Bruders zu beweinen. Siegestrunken und mit reicher Beute beladen kehrten Wichmann und seine Kriegsgenossen ins Lager zurück.

Der Angriff, die beiden Niederlagen erfolgten so schnell aufeinander, dass Mieczysław durch diese Schläge ganz betäubt war. Diesen Augenblick der Abspannung benutzte nun auch Markgraf Gero, um den zweiten schwierigeren Theil seines Planes zur Ausführung zu bringen.

Wichmann hatte, trotz seiner beiden glänzenden Siege, die Polen der deutschen Herrschaft zu unterwerfen nicht vermocht. Diese grosse That war Gero vorbehalten. Jetzt war auch der Zeitpunkt erschienen, diese That zu vollführen.

Gero bricht mit einem zahlreichen Heere auf und zieht gegen die Polen zu Felde.[1]) Im Vorbeimarsche unterwirft er die Nieder-Lausitzer [2]) und Selpuler und greift dann den Polenherzog an. Blutig war die Schlacht. Beide Gegner kämpften mit Ausdauer und Hartnäckigkeit ohne Gleichen. Mieczysław und sein tapferes Heer strengten alle ihre Kräfte in diesem heissen, für sie so bedeutungs-

---

[1]) Eo quoque tempore Gero praeses Slavos qui dicuntur Lusiki potentissime vicit et ad ultimam servitutem coegit, non sine sui tamen gravi vulnere nepotisque optimi viri casu, caeterum quoque quam plurimorum nobilium virorum. — Widukindus III., 67. — Gero, Orientalium marchio, Lusizi et Selpuli, Miseconem quoque cum sibi subiectis imperiali subdidit dicioni. — Thietmarus II., 9.

Apud nos quoque Sclavi qui dicuntur Lusinzani subduntur. — Cont. Regin. a. a 963.

[2]) Woher weiss Dönniges (Jahrb. d. deut. R. I. S. 109), dass die Lausitzer sich gegen Gero erhoben hatten, und dass sie zu dieser Erhebung durch die Polen bewogen wurden? (Ibid. 100).

vollen Kampfe an. Der Schrecken, die Abscheu vor der Knechtschaft verdoppelte ihren Muth, die Verzweiflung feuerte sie zu Heldenthaten an. Sie fochten wie Rasende. Umsonst! Ihre Kräfte waren durch den Kampf mit dem Grafen Wichmann geschwächt worden. Der kluge Gegner hatte ihnen keine Zeit gelassen, um wieder zu Athem zu kommen. Physisch und geistig gebrochen waren sie gezwungen worden den Kampf fortzusetzen. Kein Wunder, dass sie unterlagen. Mieczysław sah ein, dass, wenn dem Blutvergiessen kein Einhalt gemacht würde, sein Volk vielleicht einer völligen Vernichtung preisgegeben würde. Er entschloss sich nun die Waffen zu strecken und den Gegner um Frieden zu bitten.

Gero gewährte gern die Bitte. Er hatte einen grösseren Widerstand seitens Mieczysław's erwartet. Wie mochte er angenehm überrascht sein, als er sah, dass dieser selbst ihm die Lösung seiner schwierigen Aufgabe erleichtert. Was die Friedensbedingungen anbelangt, so kam man überein, dass Mieczysław für einen Theil seines Gebietes, nämlich für den Länderstrich bis zur Wartho [1]) einen Tribut zahlen und den Kaiser dadurch berechtigen sollte, Forderungen an ihn zu stellen, welches Recht aber, so lange es nicht wirklich vollzogen war, nicht im geringsten die thatsächliche politische Unabhängigkeit Polens schmälerte. So wurde der Friede geschlossen. [2])

---

[1]) Dass Mieczysław bis an die Warthe dem Kaiser Tribut zahlte, beweist uns folgende Stelle aus Thietmar (II., 19): Interea Hodo, venerabilis marchio, Miseconem imperatori fidelem tributumque usque in Vurta fluvium solventem, exercitu petivit collecto.

[2]) An diese Ereignisse knüpft sich die so oft und von so verschiedenen Standpunkten erörterte Frage der Abhängigkeit Mieczysław's vom Reiche, welche ich in meiner vierten Beilage behandelt habe.

Für Mieczyslaw war dieser Friede wohl nur ein Waffenstillstand, den der Polenherzog zur Befestigung seiner Herrschaft im Innern, zur Stärkung und Vermehrung seiner Streitkräfte, zur Ausrüstung und Vorbereitung zu einem neuen Kampfe verwenden wollte. Ohne Hoffnung auf eine baldige Vergeltung hätte ja Mieczyslaw den Frieden nicht angenommen. Er und sein Volk hätten bis zum letzten Blutstropfen gekämpft! Die erste Niederlage, welche die Polen von den Deutschen erlitten hatten, zeigte auch gute Seiten. Sie war vielleicht den Polen viel nützlicher, als es ein Sieg gewesen wäre. Sie lehrte Mieczyslaw und sein Volk die Deutschen schätzen. Jetzt wussten die Polen, jetzt wusste ihr Herzog mit was für einem Gegner sie zu thun hatten. Die Erfahrung machte sie klüger. Sie beschlossen den neuen Kampf mit den Deutschen nach gehöriger Vorbereitung und mit Vorsicht aufzunehmen. Aber dieser Kampf sollte auch ein siegreicher werden.

Aehnlich dachte auch Markgraf Gero. Für ihn war der Friede wohl auch nur ein Waffenstillstand, den er wohl auch nur zum Sammeln seiner Kräfte benutzen wollte, um dann einen neuen Kampf mit Polen aufzunehmen, einen Kampf, der die vollständige Unterwerfung Polens unter die deutsche Herrschaft zur Folge haben sollte. Nach einem ersten Siege hoffte er auch leichter diese Aufgabe zu lösen.

Was immer für eine grosse Bedeutung der erste Zusammenstoss der Polen mit den Deutschen für die letzteren haben mochte, eine noch viel grössere hatte er unbedingt für die ersteren. Diejenigen polnischen Stämme, die bis jetzt sich gesträubt hatten, unter die Fahnen Mieczyslaw's zu treten und ihn als Herzog anzuerkennen, sahen jetzt ein, dass ihre grenzenlose Freiheitsliebe die

Niederlage der verwandten Stämme herbeigeführt hatte und dass gleiches Loos sie erwarte, wenn sie immer noch in Hader und Zwist mit ihren Brüdern verblieben. Sie sahen dies ein, und sie reichten ihren Brüdern die Hand und sie erkannten Mieczysław für ihren Herzog. So vereinigten sich die zersplitterten, kleinen, schwachen Stämme zu einem einigen, grossen, mächtigen Volke, welches jetzt den Vergeltungskampf dreist wagen konnte. So entstand die Militärmonarchie der Bolesławen. Und zu diesem Staatsorganismus mit der dictatorischen Regierungsform, welche allein nur die geschichtliche Existenz den Polen verschaffen konnte, hat der erste Zusammenstoss mit Deutschland den Keim gelegt und die Entwickelung desselben beschleunigt.[1]) Ueberdies hatte

---

[1]) Szajnocha bemerkt in seinem Werke Bolesław Chrobry str. 3:
... całe panowanie Mieczysława przedstawia tylko początkowe przejmowanie się owym wpływem zachodu, który w pierwotnej swojej formie działania wojennego, zbrojnych najazdów i podbojów, przyczynia się nawet głównie do wywołania historycznego bytu Polski. „Die ganze Regierung Mieczysław's stellt nur den Beginn des Empfanges jenes Einflusses des Abendlandes, welcher in seiner ursprünglichen Form kriegerischer Thätigkeit, feindseliger Angriffe und Eroberungen zum Hervorrufen der geschichtlichen Existenz Polens hauptsächlich beiträgt." Sehr wohl. - Warum spricht er aber von Eroberungen der Vorfahren Mieczysław's? Ueberdies ignorirt er die Kämpfe des letzteren mit den polnischen Stämmen. — Dadurch schwächt er nur die Bedeutung des ersten Zusammenstosses Polens mit Deutschland, den er hier andeuten zu wollen scheint. Noch viel mehr schwächt er dieselbe durch die Bemerkung, dass per Einfluss des Abendlandes „zum Hervorrufen der geschichtlichen Existenz Polens hauptsächlich beiträgt." Also nur „hauptsächlich" nur beiträgt." Welches Ereigniss hat also ausser dem erwähnten Einfluss dazu beigetragen? Meiner Ansicht nach hat nur dieser Zusammenstoss die geschichtliche Existenz Polens hervorgerufen. Ueberhaupt lässt die angeführte Stelle an Richtigkeit und besonders an Klarheit manches zu wünschen übrig.

dieser Zusammenstoss noch ein Ereigniss zur Folge, welches von der grössten Bedeutung für die geschichtliche Stellung, die Civilisation und das Aufblühen des polnischen Staates wurde.

Dieses einflussreiche, wichtige Ereigniss ist die Einführung des Christenthums.[1])
Wenngleich es einerseits schwer zu behaupten ist, dass die Deutschen durch ihren ersten, verhältnissmässig doch unbedeutenden Sieg über die Polen, dieselben zur Annahme des Christenthums gezwungen hätten, so kann man andererseits nicht leugnen, dass dieser Sieg bei Mieczysław den Gedanken der Annahme des Christenthums erweckt und den Polenherzog auch bewogen hat, diesen Gedanken baldigst auszuführen.[2]) Mieczysław

---

[1]) Lelewel (Polska wieków średnich II. str. 14) vermuthet die Ereignisse nur, dass von 963 die Einführung des Christenthums in Polen verursacht haben.

[2]) Ich glaube, dass Niemand an meiner folgenden Darstellung etwas auszusetzen haben wird. Man kann doch nicht behaupten, Mieczysław hätte das Christenthum aus innerer Ueberzeugung, aus Sehnsucht nach einer besseren Religion als die seinige angenommen, wie es Szajnocha darzustellen versucht hat. Es ist ja bekannt, dass er nach seiner Bekehrung und trotz dieser immer ein guter Heide blieb. Die Dogmen der neuen Religion waren für ihn zu spitzfindig, als dass er sie begreifen, und deren Gebräuche zu ermüdend, als dass er sich denselben anzubequemen vermocht hätte. Der beste Beweis dafür ist der Umstand, dass Mieczysław auf dem Grabmale seines Sohnes Bolesław ein Heide genannt wird. Es heisst dort nämlich von Bolesław: perfido patre natus (Siehe Bielowski Wstęp krytyczny do dziejów Polski, str. 510). Epitaphium Chrabri Boleslai in Mon. Pol. I., p. 320. — Für die Richtigkeit meiner Ansicht spricht aber noch der Umstand, dass Mieczysław's Sohn Bolesław I. in dem Briefe Mathildens an Mieczysław II. fons et origo sonctae catholicae et apostolicae fidei genannt wird. Vgl. List Matyldy do Mieczysława II. Mon. Pol. I. 323.

Lächerlich wäre es aber zu behaupten, Mieczysław habe aus

wusste wohl, dass die Deutschen mit der äusseren, scheinbaren Abhängigkeit Polens vom Reiche, mit der Tributpflichtigkeit allein nicht zufrieden gestellt sein werden, dass sie vielmehr nicht eher ruhen werden, als bis sie das polnische Volk auch zu einer inneren, thatsächlichen Abhängigkeit vom Reich gezwungen und so die Unterwerfung vollständig durchgeführt haben würden. Er wusste auch wohl, dass die Deutschen, zur Erreichung dieses Zweckes, nur ein Mittel hatten, nämlich die gewaltsame Einführung der abendländischen, der deutschen Civilisation, oder mit anderen Worten, die Einführung des Christenthums, denn das Christenthum ging ja Hand in Hand mit der Civilisation, und nur nach Annahme des ersteren konnte die letztere erlangt werden. — Um nun die Unabhängigkeit seines

inniger Liebe zu seiner Gattin das Christenthum in seinem Lande eingeführt. Obgleich wir an der Neigung des Polenherzogs zu seiner frommen Gemahlin nicht zweifeln wollen, obgleich wir überzeugt sind, dass Dąbrówka Alles that, um ihrem erlauchten Gatten und Herrn zu gefallen, dass sie sogar, schon im vorgerückten Alter, die Haube abwarf und ihre Locken den Jungfrauen gleich mit duftenden Blumenkränzen schmückte, *) so können wir doch nicht glauben, die Neigung Mieczysław's zu Dąbrówka wäre so gross, die Reize der Herzogin so verführerisch gewesen, dass dieselben den ernsten Polenherzog zur Annahme des neuen Glaubens hätten bewegen können. Daher glaube ich nicht zu irren, wenn ich behaupte, dass es hauptsächlich politische Zwecke bei der Einführung des Christenthums in Polen für Mieczysław massgebend waren.

*) 977 obiit Dubrauca, quae nimis inproba fuit, iam mulier provectae aetatis, cum nupsisset Poloniensi duci, peplum capitis sui deposuit, et puellarem coronam sibi imposuit; quod erat magna dementia mulieris. — Cosmas I., 27.
Haec in aetate provecta caput non velabat, sed ad instar virginum, serto et corona incedebat ornata. — Długossius II. ad a 977. Szujski ist entrüstet über die Majestätsbeleidigung, welche sich Cosmas hier zu Schulden kommen liess. Er sagt (I. 63): Kosmas praski uwziął się, aby naszą Dąbrówkę lekkomyślną uczynić osobą. Mówi o niej, że po ślubie i po urodzinach syna Bolesława lubiła udawać pannę, zrzucila czepiec i stroiła się w wience. Nasi kronikarze chwalą jej pobożność ... „Kosmas, der Prager, ist darauf versessen, unsere Dąbrówka als eine leichtsinnige Person zu schildern. Er sagt von ihr, dass sie, nach der Trauung und nach der Geburt ihres Sohnes Bolesław, es liebte, die Jungfrau zu spielen, dass sie die Haube abwarf und sich mit Kränzen schmückte." Er beweist aber hier gar nicht, dass Cosmas gelogen hat, denn wie oft paart sich nicht die Eitelkeit mit der Frömmigkeit.

Landes zu retten, beschloss Mieczysław das Christenthum in seinem Reiche freiwillig einzuführen. Eben hatte er sich mit der Tochter Bolesław's I. von Böhmen, mit der frommen Dąbrówka vermählt.[1]) Er hatte diese Wahl wohl mehr aus Politik, um die Freundschaft des bömischen Herzogs zu

---

[1]) * 965. Dambro(w)ka venit ad Misekonem. — An. Polonorum.
965. Dubrovka ad Miseconem venit. — An. capitluli. brac.
965. Dubrowka venit ad ducem Miseconem. — An. crac. breves. Dasselbe Jahr auch die Annales Kamenzenses.
966. Dubrovka venit ad Miseconem. — An. crac. vetusti.
966. Dux Mesco duxit Dubrovkam ... — An. crac. compilati. Dasselbe Jahr auf die Annales s. Crucis Polonici.
955. Dambrovka ad Miseconem venit ... — An. Mechovenses.
965. Dambrowca venit ad ducem Meszkonem. — Arch. Gnezn.
A. D. 965. excellentissimus dux Mescho accepit Dobrovcam sibi in uxorem ... Rocznik Traski, Mon. Pol. II., p. 828.
Postremo una christianissimam de Bohemia Dubrovcam nomine in matrimonium requisivit. At illa ni pravam consuetudinem illam dimittat, **) seseque fieri christianum promittat, sibi nubere recusavit. Eo ergo collaudante, se usum illius paganismi dimissurum et fidei christianae sacramenta suscepturum, illa domina cum magno secularis et ecclesiasticae religionis apparatu Poloniam introivit, necdum tamen thoro sese maritali foederavit, donec ille paulatim consuetudinem christianitatis et religionem ecclesiastici ordinis diligenter contemplans, errori gentilium abnegavit, seque gremio matris ecclesiae connivit. — Primus ergo Polonorum dux Mesco per fidelem uxorem ad baptismi gratiam pervenit, cui ad laudem et gloriam habundanter sufficit, quod suo tempore et per eum oriens ex alto regnum Poloniae visitavit. — Gallus I. 5 und 6. Alle übrigen polnischen Chroniker haben sich in der Darstellung der Heirath und Taufe Mieczysław's mehr oder minder streng an den Gallus gehalten. Je nachdem ihnen die einen oder die anderen Annalen vorgelegen sind, haben sie entweder das Jahr 965 oder 966. Natürlich können sich die Meisten nicht enthalten, uns die Fabel von der Blindheit Mieczysław's zu

*) Sämmtliche folgende Annalen sind in Pertz SS. XIX und grösstentheils auch in Bielowski's Mon. Pol. II. abgedruckt.
**) Das bezieht sich auf den vorangehenden Satz, welcher lautet: Adhuc tum in tanto gentilitacis errore involvebatur, quod sua consuetudine septem uxoribus abutebatur.

gewinnen, als aus wahrer Neigung getroffen, da die erlauchte Prinzessin schon in dem Alter stand, wo die Reize der weiblichen Schönheit bereits zu welken beginnen. Was nun der Dąbrówka an äusseren Eigenschaften fehlte, das suchte sie durch Frömmigkeit zu er-

erzählen, *) sowie auch sich in philologische Dissertationen bei der Erklärung des Namens „Mieczysław" nach streng etymologischen Gesetzen einzulassen. **) Aus allen diesen entsetzlichen Machwerken, welche den ehrlichen Namen der Chroniken auf eine freche Weise usurpirt haben, lassen sich nur drei einfache geschichtliche Thatsachen feststellen. Diese sind:
1. Die Heirath Mieczysław's mit Dąbrowka im Jahre 965.
2. Die Taufe Mieczysław's im Jahre 966. ***)
3. Der Einfluss Dąbrówka's auf die Bekehrung Mieczysław's.

Von den deutschen Schriftstellern berichtet uns nur Thietmar etwas über die Einführung des Christenthums in Polen. Die betreffende Stelle verdient angeführt zu werden:

Hic a Boemia regione nobilem sibi uxorem senioris Bolislavi duxerat sororem, quae sicut sonuit in nomine, aparuit veraciter in re. Dobrawa enim Sclavonice dicebatur, quod Tentonico sermone Bona interpretatur. Namque haec Christo fidelis dum coniugem suum vario gentilitatis errore implicitum esse perspiceret, sedula revolvit augustae mentis deliberacione, qualiter hunc sibi sociaret in fide; omnimodis placare contendit, non propter triformem mundi huius nocivi appetitum, quin pocius futurae mercedis laudabilem ac universis fidelibus nimis desiderabilem fructum. Haec sponte sua fecit ad tempus male, ut postea diu operari voluisset bene. Namque in quadragesima, quae coniuncionem predictam proxima sequebatur,

*) Zeissberg, S. 54, bemerkt, dass uns Aehnliches von Ossa, Wladimir und Csanad erzählt wird.
**) Vergl. die interessante Zusammenstellung der Namensformen Mieczysław's in der von mir oft erwähnten Abhandlung Zeissberg's, S. 59. Obgleich äusserst lehrreich führt diese Zusammenstellung doch zu keinem befriedigenden Resultate. Zeissberg selbst nimmt nach Thietmar die Form Miseco an. Warum nicht die Form Misaca oder Misaco, welche doch jedenfalls der Form Miseco vorzuziehen wäre, da sie der ältere und daher auch glaubwürdigere Widukind gebraucht? Bis es nicht gelingt, die richtige Namensform mit voller Bestimmtheit festzustellen, verbleibe ich einstweilen bei der verdächtigen Form „Mieczysław".
***) Grossfeld behauptet, dass das Jahr der Taufe Mieczysław's sich gar nicht mit Bestimmtheit angeben lässt. Er sagt c. IV. „sod incertum est quo anno ille (nämlich M) sacramentum baptismi suscoperit." Er scheint also die polnischen Annalen und Chroniken nur sehr flüchtig gelesen oder vielleicht auch gänzlich ignorirt zu haben.

3

setzen. Ihr, der zartfühlenden Christin, musste der Zustand der Halbverwilderung und Barbarei, in welchem das heidnische polnische Volk schmachtete, gräuelhaft vorkommen. Sie beschloss nun die Bekehrung ihres erlauchten Gemahls und aller seiner Unterthanen. Dies sollte ihre erste und grösste Wohlthat sein, durch welche sie bei der Nachwelt unauslöschliche Verdienste und zugleich für sich das Heil ihrer Seele erlangen wollte. Pessimisten, die keinesfalls geneigt sind an Edelsinn und Uneigennützigkeit des menschlichen Charakters zu glauben, würden vielleicht behaupten, Dąbrówka habe die Bekehrung des Polenherzogs und seines Volkes aus ganz anderen, weniger edleren Motiven durchzusetzen beabsichtigt, indem sie in diesem

---

cum a se abstinentia carnis et afflicione corporis sui Oecimacionem Deo acceptam offerre conaretur, dulci promissione a viro suimet propositum frangere rogatur. Illa autem ea racione consensit, ut alia vice ab eodem exaudiri facilius potuisset. Quidam dicunt, eam in una carnem manducasse quadragesima, alii vero tres. Audisti nunc, lector, delictum eius; modo considera fructum eligantem piae voluntatis illius. Laboravit enim pro conversione coniugis sui, ac exaudita est a benignitate Conditoris sui, cuius infinita bonitate persecutor suimet studiosus resipuit, dum crebro delictae uxoris ortatu innatae infidelitatis toxicum evomuit, et in sacro bystismate nevam originalem deter sit. Et protinus caput suum et seniorem dilectum membra populi hactenus debilia subsequuntur, et nupciali veste recepta, inter caeteros Christi adoptivos numerantur.

Jordan, primus eorum antistes, multum cum eis sudavit, dum eos ad supernae cultum vineae sedulus verbo et opere invitavit. Tunc congratulantur legitime coniugati, predictus mas et nobilis femina, illisque subdita omnis familia gaudet se in Christo nupsisse. Post haec peperit bona bona mater filium longe sibi degenerem et multarum perniciem genitricum, quem fratris nomine Bolizlavi appellavit, hunc, inquam, qui in eadem primo latentem maliciam aperuit, deinde que in viscera serit, ut in sequentibus a me manifestum fit. — Thietmarus IV. 35.

Falle nur als Werkzeug der deutschen Politik gehandelt hätte. Was mich anbelangt, muss ich gestehen, dass ich, so lange nicht sprechendere Beweise für eine dieser Behauptungen vorhanden sein werden, mich jeder endgiltigen Entscheidung enthalten werde, wenngleich ich wiederum nicht umhin kann zu bemerken, dass es sehr wahrscheinlich ist, Dąbrówka habe bei der Bekehrung ihres Gatten beide vorher genannte Zwecke verfolgt. Wie dem auch sein mag, die Mitwirkung Dąbrówka's bei der Einführung des Christenthums in Polen lässt sich einmal nicht leugnen. Schon ihre ersten Bemühungen waren mit dem erwünschten Erfolge gekrönt. Sie brauchte nicht viel Ueberredungskunst anzuwenden, um ihren Gemahl zur Annahme des christlichen, des katholischen Glaubens zu bewegen. Wie ich schon bemerkt habe, sah Mieczysław die Einführung des Christenthums in seinem Reiche für ein nothwendiges, Vortheil bringendes, politisches Ereigniss, für ein einträgliches Geschäft an. Eine höhere, edlere Bedeutung vermochte er, dessen nüchterner, praktischer Sinn von jedem poetischen Ideenschwung entblösst war, diesem wichtigen Acte nicht einzuräumen. Für ihn waren die heidnische und die christliche Religion, ihrem inneren Wesen nach, als Religionen fast gleich und ihre Bedeutung war nur durch den grösseren oder geringeren Vortheil, den sie für den Augenblick dem Gemeinwesen brachten, bedingt. In dieser Ueberzeugung gab Mieczysław seiner frommen Gattin willig Gehör und liess es gern geschehen, dass das heilige Sacrament der Taufe feierlichst an ihm vollzogen wurde, [1]) ja er ging in seinem löblichen Eifer noch viel weiter, indem er sich entschloss alle seine

---

[1]) Das Jahr 966 gaben folgende Annalen an: An. cap. crac.

Beischläferinnen zu entlassen — allerdings kein geringes Opfer, wenn wir berücksichtigen, dass die edle Dąbrówka bereits im vorgerückten Alter stand. Ob nun auch der Polenherzog alle anderen Vorschriften der Kirche gewissenhaft befolgte, das vermelden uns die wortkargen Quellen nicht. Wenn wir aber bedenken, dass dem Mieczysław die Erspriesslichkeit des Fastens und der Kasteiungen — freilich noch vor der Taufe — nicht einleuchten wollte und dass er seine fromme Gattin durch süsse Versprechungen bewogen hatte, an einem oder gar an drei Fasttagen Fleischspeisen zu geniessen, wenn wir ferner bedenken, dass er nach dem Tode Dąbrówka's sich nicht gescheut hatte eine Nonne zu entführen, [1]) so sehen wir uns veranlasst eine nicht sehr hohe Meinung von der streng katholischen Religiösität des Polenherzogs zu hegen. Wenn auch nun Mieczysław, um die Ausübung der neuen Glaubenslehre, was seine eigene Person anbelangte, sich wenig kümmerte, so lag ihm nichtsdestoweniger die Einführung dieser Glaubenslehre bei seinem Volke am Herzen. Er war ernstlich bemüht solche Massregeln zu treffen, durch

— An. crac. comp. — An. crac. breves. — Das Jahr 967. An. crac. vet. Das Jahr 965 und 964. An. Polonorum oder wie Bilt. will An. Benedictini; oder auch endlich Rocznik Małopolski, wie er sie in Mon. Pol. II., pag. 818 nach durchgeführten Correcturen herausgegeben hat. — Das Jahr 955 An. Mechovienses. — Dieselben Annalen haben aber in den Mon. Pol. II., pag. 882, wo sie unter dem Namen: Rocznik Miechowski erscheinen, das Jahr 965. — Šafařik (II. 37. 5) und Bandkie: Krótkie wyobrażenie dziejów królewstwa polskiego, *) (I. S. 124) wissen, dass Mieczysław durch den böhm. Priester Bohowid getauft wurde. — Vgl. überdiess: **Fünfte Beilage.**

[1]) Vergl. Thietmar IV. 36.

*) Es ist dies ein Werkchen, welches unter einer Unzahl von Irrthümern manche gesunde Ansicht birgt.

welche das Christenthum in kürzester Zeit in Polen feste Wurzel fassen konnte.

Die im Gefolge Dąbrówka's nach Polen gekommenen böhmischen Geistlichen beauftragte er die Bekehrung des Volkes so rasch als möglich zu vollbringen. Dąbrówka war gleichfalls bemüht durch eifrige Mitwirkung die Ausführung des edlen Werkes zu beschleunigen. Kräftigst unterstützt in diesem ihrem Streben war sie durch Jordan, der mit bewunderungswürdiger Ausdauer sich abmühte, den ungebildeten, begriffsstützigen Heiden die subtilen Grunddogmen der heiligen Kirche zu erklären, und die guten Leute zur Ausführung derselben — was wohl das Schwierigste war — anzuhalten. Viel Schweiss mochte der eifrige Seelsorger bei dieser harten Arbeit vergossen, und oft mochte er sich gegrämt haben, wenn er sah, dass sein Werk sehr langsam von Statten ging, dass die Bekehrung nur sehr geringe Fortschritte machte und seine Saat nur hie und da spärliche Früchte trug. Statt, wie er es gehofft hatte, für alle seine Wohlthaten von dem Volke auf den Händen getragen zu werden, erntete er nur Undank von demselben.

Gleicher Lohn wurde auch der Herzogin für ihre Mühe zu Theil. Gegen Dąbrówka und Jordan waren die Polen, und zwar besonders der grosse Haufen, am meisten aufgebracht. Für das, seinem Nationalcharakter nach, conservative Volk war jede Neuerung unerträglich, insbesondere aber eine solche wie das Christenthum, welches alles Alte, Herkömmliche von Grund aus zu zerstören, und auf den Trümmern desselben eine ganz neue Welt zu errichten drohte. Dazu kam noch der Umstand, dass die Menge, als sie sah, die neue Glaubenslehre werde durch Männer eingeführt, welche, wenngleich der

Geburt und Muttersprache nach Slaven, doch ihrer Erziehung und besonders ihrer Angehörigkeit zu einem, dem deutschen Reiche unterthänigen und mit diesem auch geistig eng verbundenen Volke wegen, als Fremde, als Werkzeuge der deutschen Politik aufzutreten schienen, dass die Menge auch sogleich die feste Ueberzeugung gewann, die Deutschen beabsichtigen durch die Einführung des Christenthums die völlige Unterwerfung Polens zu bewirken.

Es wird uns daher nicht wundern, dass die Polen lange Zeit hindurch mit aller Gewalt gegen die Einführung der neuen Religion sich wehrten, dass sie die böhmische Prinzessin und ihre Helfershelfer von ganzem Herzen hassten und es sogar wagten, den Herzog selbst einen Verräther[1]) an der gemeinsamen Sache aller Slaven zu schelten. Es ist sehr zu bedauern, dass uns die Quellen nichts Näheres über diese reactionär-conservative Opposition, über ihre Stellung und ihr Verhalten mitgetheilt haben. Trotzdem sind wir bemüssigt anzunehmen, dass die Einführung des Christenthums eine bedeutende Gährung, blutige Kämpfe in Polen hervorgerufen hat, so wie auch, dass diese Opposition eine starke gewesen sein musste, wenn sie in späteren Zeiten, wo sie doch bedeutend geschwächt war, noch Macht genug besass, um, wenngleich nur auf kurze Zeit, die Oberhand im Staate zu gewinnen. [2]) Dass Mieczyslaw in

---

[1]) Vgl. Szajnocha: Bolesław Chrobry str. 88.

[2]) In dieser Darstellung stimme ich in manchen Punkten mit Szujski überein. Roepell hat im Grunde genommen auch dieselbe Ansicht, wenngleich seine Darstellung auf den ersten Blick eine verschiedene zu sein scheint. Palacky Gesch. v. Böhmen (I. 223) ist im Irrthume, wenn er behauptet, dass die Bekehrung des polnischen Volkes, weil sie nur die Religion um ihrer selbst willen beabsichtigt hatte, auch bleibend war und keinen Rückfall veranlasste. Erstens, wie

dem Kampfe mit der Opposition seinen Thron nicht
verlor, ist einerseits der drohenden Gefahr von Aussen,
welche die verschiedenen Parteien zwang, die Verfolgung
ihrer Sonderinteressen aufzugeben und vereint, unter
dem Befehle des tapferen und klugen Fürsten für das
gemeinsame Wohl zu handeln, andererseits der Umsicht
und Energie, mit welcher der Polenherzog diesen Kampf

ich schon erwähnt habe, kann man nicht bestimmt wissen, in
welcher Absicht die Bekehrung durch Dąbrówka und die böhmischen
Priester unternommen war. Dass Mieczysław die neue Religion nicht
um ihrer selbst willen einführte, das ist sicher. Zweitens ist es ganz
falsch, dass die Bekehrung keinen Rückfall veranlasst hat. Die Unruhen nach dem Tode Mieczysław's II., die Wirren unter Bolesław II.
sind ja nichts Anderes, als solche Rückfälle, die freilich nur
eine kurze Zeit dauerten, die desshalb sich aber keineswegs leugnen
lassen. Sie beweisen nur zu gut, auf was für schwachen Füssen das
Christenthum in Polen damals noch stand. Schon Bandkie hat dies
eingesehen. (124, 125). Palacky meint, dass ein Menschenalter zur
Befestigung des neuen Glaubens hinreichte. Das ist falsch. Dieser
Process bedurfte der Jahrhunderte. Dies beweist auch der Umstand, dass viele heidnische Erinnerungen in Polen lange Zeit hindurch, ja selbst bis auf den heutigen Tag sich erhalten haben. In
vielen Gegenden Polens werden noch heute die, ihrem Ursprunge
nach heidnischen Feste der Marzanna (von Zeissberg so trefflich
gedeutet), der Wianki, Sobótki u. s. w. gefeiert. Vergl. überdies
Szajnocha str. 23, welcher ganz richtig bemerkt: Wszakże jeźli po
przeszło pół tysiąca lat przechowały się wyraźne ślady bałwochwalstwa, jakże nadzwyczajnie powoli musiało ono ustępować z
życia i obyczajów ludu, jak srogie nastąpić musiało zamącenie
wszelkich wyobrażeń, obrzędów, obowiązków. „Wenn nun nach
mehr als einem halben Jahrtausend deutliche Spuren des Götzendienstes sich erhalten haben, wie ausserordentlich langsam musste
dieses aus dem Leben und den Sitten des Volkes schwinden, und was
für eine schreckliche Verwirrung aller Vorstellungen, Gebräuche und
Pflichten musste eingetreten sein." Šafařik ist auch der Ansicht,
dass Polen nicht plötzlich das Christenthum annahm. Er sagt
(II. 37., 5.): A však nenakvap celá Polska přijala novou viru.
Mělot pohanstvi ještě l. 980 mnoho přivrženců v vprovázeni nábo-

führte, zuzuschreiben. Mieczysław wusste wohl, dass ein Regent, um Unruhen vorzubeugen, die Aufmerksamkeit seiner Unterthanen nur nach Aussen zu lenken brauche. Sehnsüchtig harrte er einer Gelegenheit, welche ihm gestatten würde, an der Spitze seines tapferen Volkes ins Feld zu ziehen. Der Gegner durfte ihm nicht zu sehr überlegen sein, denn er musste besiegt werden, sonst konnte sich ja das Mittel der Aushilfspolitik nicht bewähren. Die Glücksgöttin ward dem Polenherzog diesmal hold. Die erwünschte Gelegenheit stellte sich bald ein. Wichmann, derselbe, der eine bedeutende Rolle in dem ersten Zusammenstosse Polens mit Deutschland gespielt hatte, griff an der Spitze der Vuloiner den Polenherzog zum zweiten Male an. Die Quellen vermelden uns nicht, was denn den sächsischen Grafen zu diesem Angriff wohl bewogen haben mochte. Wir wissen nur, dass Wichmann, nachdem er dem Markgrafen Gero treffliche Dienste geleistet und ihn in der Ausführung des gewagten Angriffs auf Polen eifrig unterstützt hatte, vergebens auf die versprochene Belohnung wartete. Diese blieb aus. Der schlaue Markgraf hatte ihn also geprellt; er hatte ihn die Kastanien

---

ženstvi' křesťánského teprvé 1. 992—994 . . . . stalo se všeobecným . . . „Nicht plötzlich aber nahm ganz Polen den neuen Glauben an. Noch im Jahre 980 hatte das Heidenthum viele Anhänger, und die Annahme des Christenthums ward von 992—994 erst allgemein." — In der von Wuttke herausgegebenen Uebersetzung Šafařik's steht statt „Nicht plötzlich", „Plötzlich", und dadurch wird die ganze Stelle sinnlos. Der Fehler rührt aber nicht von dem Uebersetzer, sondern von dem Setzer her und ist auch ganz regelrecht in dem Druckfehler-Register angegeben und berichtigt. Allerdings befremdend ist nun der Umstand, dass Zeissberg trotz allem dem den Unsinn, der aus dem Druckfehler entspringt, dem Šafařik selbst zuschreibt.

aus dem Feuer holen lassen, und konnte jetzt seiner spotten. Entrüstet über die unwürdige Behandlung, die ihm zu Theil geworden war, begann Wichmann wieder seine alten bösen Streiche zu spielen. Er verband sich mit einem slavischen Häuptling Selibur und bewog diesen sich gegen die Deutschen zu erheben. Es kam nun zwischen Selibur und Hermann zu einem hartnäckigen Kampfe, der mit der Niederlage der Slaven endete. Hermann behandelte jedoch den Besiegten und dessen Land sehr human, was Anlass gab zu dem Gerüchte, der Plan zu diesem Feldzuge sei nach Uebereinkommen beider Gegner entworfen worden, um den Grafen Wichmann in die Gewalt seines Oheims zu bringen. Wichmann war nun wieder gezwungen sein Heil in der Flucht zu suchen.[1]) Diesmal ging er zu den Vuloinern, einem Stamme der Lutizen. Diese waren eben im Begriffe, Mieczysław, den Freund des

---

[1]) Audiens autem Wichmannus urbem captam sociosque oppressos, ad orientem versus iterum se paganis immersit, egitque cum Sclavis, qui dicuntur Vuloini, quomodo Misacam, amicum imperatoris, bello lacesserent; quod eum minime latuit. Qui misit ad Bolizlavum regem Boemiorum — gener ipsius erat — accepitque ab eo equitum duas acies. Cumque contra eum Wichmannus duxisset exercitum, pedites primum ei immisit; cumque ex iussu ducis paulatim coram Wichmanno fugerent, a castris longius protrahitur, equitibus a tergo immissis signo fugientes ad reversionem hostium monet. Cum ex adverso et post tergum premeretur Wichmannus fugam inire temptavit. A sociis igitur arguitur sceleris, quia ipse eos ad pugnam instigaverit, fidensque equo, cum necesse fuerit, fugam facile inierit. Coactus itaque equo cessit, pedestris cum sociis certamen iniit, eoque die viriliter pugnans armis defenditur. Jeiunio autem et longiori via, qua per totam noctem armatus incessit, mane cum pancis admodum aream cuiusdam iam fessus intravit. Optimates autem hostium cum eum repperissent, ex armis agnoscunt, quia vir eminens esset, interogatusque ab eis quisnam esset, Wichmannum se fore, professus est. At illi arma deponere

Kaisers, den Verräther der Slaven anzugreifen,¹) um ihn für seine Abtrünnigkeit zu züchtigen. Wichmann, der kampflustige Abenteurer, bestärkte sie in ihrem Vorhaben und bot sich ihnen als Führer an. Mit Freude nahmen die Barbaren sein Anerbieten an.²) Man zog

---

exhortati sunt; fidem deinde spondent, salvum eum domino suo praesentari, hocque apud ipsum obtinere, quatinus in columen imperatori restituat. Ille licet in ultima necessitate sit constitutus, non inmemor pristinae nobilitatis ac virtutis dedignatus est talibus manum dare; petit tamen, ut Misaco de eo adnuntient, illi velle arma deponere, illi manus dare. Dum ad Misacam ipsi pergunt, vulgus innumerabile eum circumdat, eumque acriter inpugnat. Ipse autem quamvis fessus, multis ex eis fusis, tandem gladium sumit, et potiori hostium cum his verbis traditit: „Accipe, inquit, hunc gladium „et defer domino tuo, quo pro signo victoriae illum teneat, impe„ratorique amico transmittat, quo sciat aut hostem occisum erridere „vel certe propinquum deflere." — Et his dictis, conversus ad orientem, ut potuit, patria voce Dominum exoravit, animamque multis miseriis et incomodis repletam pietati Creatoris omnium effudit. Is finis Wichmanns, talisque omnibus fere, qui contra imperatorem arma sumpserunt [patrem tuum]. Widukindus III., 69.

¹) W. Giesebrecht weiss, dass die Vuloiner bei der Ankunft Wichmann's bereits mit den Polen in einen Krieg verwickelt waren. Vergebens habe ich die Begründung dieser Behauptung in den Quellen gesucht.

²) Gestützt auf Otto's Brief, der in der Versammlung der sächsischen Grossen zu Werla gelesen wurde, meint Šafřik II. 43, 6., dass auch die Redarer dem Wichmann in diesem Kriege Hilfe geleistet haben. Aus demselben Briefe folgert L. Giesebrecht: Wend. Gesch. I., S. 189, dass die Redarer ein Stamm der Vuloiner sind. Zeissberg leugnet entschieden die Möglichkeit, dass Otto in jenem Briefe des Kampfes Wichmann's mit den Polen gedacht hätte. Wer von ihnen hat Recht? Meiner Ansicht nach Keiner, denn man darf hier weder etwas behaupten noch leugnen. Ich werde daher den Brief Otto's unberücksichtigt lassen, was mir um so leichter sein wird, als dieser Brief von geringer Bedeutung für die Geschichte Mieczysław's mir zu sein scheint.

ins Feld. Mieczysław, der durch seine Kundschafter das Herannahen des Feindes erfahren hatte, bat durch Gesandte seinen Verwandten, den Herzog von Böhmen um Hilfe. Dieser schickte ihm sofort zwei Reiterabtheilungen zu. Inzwischen hatte Wichmann bereits sein Lager aufgeschlagen. Mieczysław nahm ihm gegenüber Stellung und befahl seinem Fussvolke die feindliche Front anzugreifen, sich aber dann, dem Drucke des Gegners immer nachgebend, allmählig zurückzuziehen. Der Scheinangriff gelang vollkommen.[1] Wichmann, durch den Rückzug der Feinde getäuscht, denn er nahm denselben für eine Flucht, liess sich zu einer hitzigen Verfolgung hinreissen und ging so selbst in die ihm von Mieczysław gelegte Falle. Denn mittlerweile hatte die böhmische Reiterei, auf Befehl des Polenherzogs die Stellung des Gegners umgangen, und denselben im Rücken angegriffen, während das Fussvolk, auf ein gegebenes Zeichen, plötzlich wieder gegen die feindliche Front vorrückte. Wichmann und sein Heer waren von allen Seiten umringt.

Das Manöver hatte einen herrlichen Beweis Mieczysław's glänzender Feldherrntalente geliefert. Es wurde nach denselben Regeln ausgeführt, welche uns die heutige Taktik für diesen Fall aufstellt. Durch diese plötzliche Glückswendung betäubt und niedergeschlagen, glaubte Wichmann nichts besseres thun zu können, als sein Heil der Schnelligkeit seines Pferdes anzuvertrauen.

Anderer Meinung waren seine Bundesgenossen, die

---

[1] Dass Mieczysław es gut verstand Scheinangriffe, Hinterhalte u. s. w. anzuwenden und auszuführen, dass er hauptsächlich der Kriegslist die Siege zu verdanken hatte, beweist folgende Stelle aus „Vita s. Adalberti" Brunonis: Actum est bellum cum Polonis; dux eorum Mesico arte vicit. —

Vuloiner. Als sie sahen, dass der Graf sich ganz ernstlich davon machen und sie im Stiche lassen wolle, umringten sie ihn und hielten das schnaubende Streitross bei den Zügeln fest. Wichmann mochte nun wohl gegen diese Gewaltmassregel protestirt haben. Umsonst! Die Slaven überhäuften ihn mit Vorwürfen, schalten ihn einen treulosen Verräther, einen Feigling, und zwangen ihn unter fortwährenden Drohungen und Schimpfworten, vom Pferde herabzusteigen und zu Fuss zu kämpfen. Die Noth machte Wichmann zum Helden. Nie hatte er sich so tapfer gehalten als an jenem Tage. Die Vuloiner standen ihm männlich bei. Nicht minder muthig fochten die Polen. Der Sonnenuntergang machte dem Blutvergiessen ein Ende. Mieczyslaw feierte seinen ersten Sieg. Wichmann setzte mit den Wenigen, denen es gelungen war sich der feindlichen Verfolgung zu entziehen, die ganze Nacht den Rückzug fort. Bei Tagesanbruch erreichte er ein Gehöfte. Erschöpfung und Hunger machten die Fortsetzung des Marsches unmöglich. Hier wollte er sich erholen und stärken. Kaum hatte er einige Augenblicke Ruhe genossen, als er plötzlich das Gehöfte von den Feinden umringt erblickte. Der Führer dieser Schaar, der den Grafen seiner Rüstung nach für einen vornehmen Mann hielt, fragte ihn um seinen Namen. Wichmann gab sich sofort zu erkennen. Nun forderte ihn jener auf, ihm das Schwert zu übergeben. Wichmann, der noch immer nicht alle Hoffnung auf das Entkommen aufgegeben hatte, sagte, um nur Zeit zu gewinnen, er werde sein Schwert nur dem Polenherzog selbst übergeben, nur diesem sich unterwerfen. Es eilten nun Boten dem Mieczyslaw dies zu melden. Mittlerweile wurde der Graf strenge bewacht. Die Kunde von der Gefangennehmung Wichmann's verbreitete sich schnell in der Umgebung. Zahlreiche Schaaren von Neugierigen liefen herbei, um diesen Helden zu sehen. Man erinnerte sich noch gut, dass dieser Mann das polnische Heer zweimal geschlagen hatte. Diese peinliche Erinnerung erweckte in dem herbeigelaufenen Haufen eine Missstimmung, die plötzlich zur Entrüstung und Rachsucht sich steigerte. Die Leidenschaft brach in Gewaltthat aus. Das wüthende Volk stürzte auf den Grafen, und suchte ihn niederzuhauen. In dieser äussersten Noth raffte sich noch einmal der kühne Krieger zum Kampfe auf. Manchen tüchtigen Streich führte er noch mit seinem Schwerte, manchen seiner Feinde streckte er nieder. Doch er musste zuletzt der Uebermacht unterliegen. Er fiel schwerverwundet nieder, wandte sich zu dem Führer des Haufens und übergab demselben sein Schwert mit den Worten: Nimm dieses Schwert und überbringe es deinem Herrn, damit er es zum Zeichen des Sieges nehme und es seinem Freunde, dem Kaiser, übersende, auf dass dieser wisse, er könne nun eines erschlagenen Feindes spotten oder einen Blutsverwandten beweinen. Hierauf wandte er sein Antlitz gegen den Sonnenaufgang, betete, so gut er konnte in seiner Muttersprache und starb.

Dies geschah am 22. September 967.[1]

---

[1] Den Tag der Schlacht und des Todes Wichmann's gibt der Necrol. Luneb. (Wedekind Not. III., p. 70) an, indem es dort heisst: X. Kal. Oct. Wichmannus comes et multi alii occisi et Hoico occisus. Das Jahr lässt sich leicht durch Combination ermitteln. Der Brief, den Otto nach Erhaltung der Waffen Wichmann's geschrieben hatte, ist, wie das Datum bezeigt, am 15. Februar 968 verfasst worden. Wichmann musste im vorigen Jahre, also im Jahre 967, gestorben sein. Das obige Datum nehmen auch W. Giesebrecht, Lelewel (II. str. 18) und Zeissberg an. Šafařik setzt ohne Grund das Ereigniss in das Jahr 966 und Szajnocha in das Jahr 968.

Mieczysław schickte nun Wichmann's Schwert, wie dieser es gewünscht hatte, dem Kaiser, der sich damals in Italien befand. Otto mochte sich wohl gefreut haben, dass er endlich des unruhigen, widerspänstigen Verwandten und Vasallen los war, dass einer der unbändigsten, kriegstüchtigsten Slavenstämme eine gewaltige Niederlage erlitten hatte. Wenn auch jetzt die Lutizen noch nicht gänzlich der deutschen Herrschaft unterworfen worden waren, so hatte doch der Sieg, den Mieczysław über einen der mächtigsten Stämme derselben errang, ihre Macht auf einige Zeit gebrochen und dadurch die künftige Unterwerfung um vieles erleichtert. Das wusste Otto

---

Szujski erwähnt das Jahr 967. Roepell begeht einen doppelten Irrthum, indem er (S. 96) erstens das Jahr 968 allein, ohne den Tag zu erwähnen, annimmt und zweitens, indem er erwähnt, dass Mieczysław von seinem Schwiegervater die zwei Reiterschaaren erbeten habe. Nun wissen wir aber, dass der Vater Dąbrówka's, Bolesław I, der Grausame, am 15. Juli 967 gestorben ist. Nachdem nun Roepell d. J. 968 angenommen hatte, hätte er doch nicht behaupten sollen, Mieczysław habe die Hilfe von seinem ein Jahr früher verstorbenen Schwiegervater erhalten. Viel schwieriger, ja unmöglich ist es mir in dieser Angelegenheit eine Entscheidung zu treffen. Vom 15. Juli bis zum 22. September ist der Zeitraum so kurz, dass Mieczysław ebenso gut die Hilfe von seinem Schwiegervater als von seinem Schwager erhalten haben konnte. Möglich ist aber auch, dass er dieselbe von seinem Schwiegervater verlangt und von seinem Schwager erhalten habe. Ich habe mich daher veranlasst gesehen im Texte ganz allgemein zu setzen „zu seinem Verwandten d. böhm. Herzog." -- Zeissberg, S. 43, dem Thietmar folgend, nennt mit Bestimmtheit Bolesław I. — W. Giesebrecht (I. 527) und Szujski sprechen auch ganz allgemein von einem Böhmenherzoge, der Letztere und Lelewel (II. str. 17) wissen überdies, dass auch Hermann in diesem Kampfe Mieczysław behülflich war. Diese Ansicht ist von Zeissberg, S. 45, mit Erfolg bekämpft worden.

und er fühlte sich auch Mieczysław für diesen Sieg verpflichtet.

Seit dem 22. September 967 wurden die Beziehungen zwischen dem deutschen Kaiser und dem Polenherzog viel inniger, viel vertraulicher, als sie bis zu diesem Tage gewesen waren. Bald wurden die Freundschaftsbande zwischen beiden durch ein bedeutungsvolles Ereigniss noch enger zusammengezogen. Schon seit Langem ging Otto mit dem Plane um, in Magdeburg ein Erzbisthum zu gründen und demselben alle im Slavenlande diesseits und jenseits der Elbe errichteten und zu errichtenden Kirchen und Bischofssitze zu unterordnen. Einigemal hatte er schon versucht, diesen Plan in Ausführung zu bringen und allemal war sein Versuch an einem unüberwindlichen Hindernisse gescheitert.[1]) Einmal war es der Erzbischof Wilhelm von Mainz, der durch eine hartnäckige Opposition die Gründung der slavischen Metropole vereitelt hatte, ein anderes Mal war es Bernhard, Bischof von Halberstadt, der seine Zustimmung zu dem heilsamen Unternehmen verweigerte und so die Ausführung desselben unmöglich machte, dann waren es wieder politische Ereignisse, welche den Kaiser zwangen die Verwirklichung seines Lieblingsgedankens auf spätere Zeiten zu verschieben. Endlich nach vielen fruchtlosen Bemühungen und missglückten Versuchen, wurde auf dem Concil zu Ravenna, im Monate April des Jahres 967 die Gründung des Erz-

---

) Bereits mit Johann XII. wurden in dieser Angelegenheit Unterhandlungen gepflogen, deren Resultat ein päpstl. Privilegium war, das uns An. Sax a. 962 bewahrt hat. Dasselbe hat den 12. Februar als Datum. Vgl. Grossfeld: De archiepiscopatus Magdeburgensis originibus III. und Gfrörer. Kirchengeschichte III., K. 14, S. 1214.

bisthums Magdeburg definitiv beschlossen, die Grenzen dieser neuen Metropole, sowie auch die Bisthümer, welche ihr unterordnet werden sollten, festgestellt,[1]) und als bald darauf die beiden erbittertsten Gegner dieses Unternehmens, Wilhelm und Bernhard, starben, [2]) wurde der Beschluss auch wirklich unverzüglich in Ausführung gebracht. Adalbert, der Abt des Klosters Weissenburg im Speiergau, derselbe, der im Jahre 959 [3]) eine unglückliche Bekehrungsexpedition nach Russland gemacht hatte, wurde zum Erzbischof von Magdeburg erhoben. Am 18. October 968 empfing er in Rom [4]) das Pallium

---

[1]) In Merseburg, Zeiz und Meissen sollten neue Bisthümer errichtet und dem Erzstifte Magdeburg unterworfen werden. Auch die schon bestehenden Bisthümer Havelberg und Brandenburg sollten in den Verband der neuen Erzdiöcese aufgenommen werden. Vgl. Gfrörer III., 14, S. 1279, und Grossfeld c. IV.
[2]) Der erste am 2. März, der zweite am 3. Februar 968. Vgl. Grossfeld c. IV.
[3]) Cont. Regin. a. a. 959; Legati Helenae, reginae Rugorum quae sub romano imperatore, Constantinopolitano, Constantinopoli baptizata est, ficte, ut post claruit, ad regem venientes, episcopum et presbyteros eidem genti ordinari petebant. — a. a. 961: Quem (den Adalbert) piisimus rex, solita sibi misericordia omnibus quibus indigebat copiis instructum, genti Rugorum destinavit. Daraus könnte man nun schliessen, dass die russischen Gesandten zwei Jahre auf den Missionär gewartet haben. Dies ist aber höchst unwahrscheinlich. Viel wahrscheinlicher ist es, dass der Cont. Reg. die Erzählung eines Ereignisses, das in das Jahr 959, sei es aus Unachtsamkeit oder aus Fahrlässigkeit, erst a. a. 961 endigte, wie dies ja oft den mittelalterlichen Geschichtsschreibern und Chronisten passirte. — Ich nehme somit mit W. Giesebrecht's d. J. 959 an.
Vgl. nach An. Magd. a. 969, An. Hild. a. 960, An. Sax. 968.
[4]) Preterea statuit eum esse metropolitanum tolius ultra Salam et Albiam Sclavorum gentis, tunc ad Deum conversae vel convertendae, et ut secundum desiderium imperatoris in his civitatibus, in quibus olim barbari ritus maxima viguit superscicio, id est

aus den Händen des Papstes Johann XIII. Sämmtliche slavische Länder umfasste diese Erzdiöcese mit Ausnahme von Polen, denn hier war noch keine Kirche gestiftet worden. Otto beschloss nun auch in diesem Lande ein Bisthum zu gründen und dieses der Magdeburger Metropole zu unterordnen, damit auch Polen

Cizi, Misni, Merseburch, Brandenburch, Havelberga, Poznani in honore domini episcopia fundarentur, quorum pastores secundum canonicam auctoritatem Magdeburgensi archiepiscopo fidem et subiectionem debendo sociarentur. — An. Magd. a. a. 970.

Thietmar kennt sogar die Namen aller dieser Bischöfe. Er nennt (II. 14) folgende: Boso v. Magdeburg, Burchard v. Meissen, Hugo v. Zeiz, Tudo v. Havelberg, Thietmar v. Brandenburg und Jordan v. Posen. Vergl. noch An. Saxo ad. a. 968 und An. Brem. I. 13 u. 14, weiss nichts von Posen, erwähnt aber dafür Oldenburg.

— Der religiöse Eifer Adalberts war berühmt, wie dies auch sein Epitaph bezeugt:

„Presul Adelbertus, omni virtute refertus
„Membra sola clausus, letos agere aethere plausus
„Clerus eum plangit, nec non populum dolor angit
„Ipsius hoc pictas meruit, fleat omnis ut aetas." A. M. 981.

Ueber die Gründung des Erzbisthums Magdeburg vergl. noch Grossfeld c. IV. u. V., sowie die Addimenta und Regesta, dann Gfrörer III. 14, S. 1281, und endlich Dönniges. J., d. d. R. I, 142. Von dem letzteren sind im 13. Excurse die bezüglichen Urkunden angegeben.

Weil das Bisthum Posen in keiner der glaubwürdigen echten Urkunden der Gründung des Erzbisthumes Magdeburg erwähnt ist, behauptet Grossfeld c. IV., dass sich Thietmar in der Jahreszahl geirrt hat, dass das Bisthum Posen nicht im Jahre 968, sondern etwas später „aliquanto post" errichtet und der slav. Metropole unterworfen wurde. Ich kann nicht der Ansicht Grossfeld's beipflichten. Die Unterhandlungen, welche die Gründung eines Bisthums in Polen zum Gegenstande hatten und welche sicherlich lange Zeit hindurch zwischen Otto und Mieczysław eifrig gepflogen, konnten ja schon wenige Tage nach der Intronisation Adalberts abgeschlossen und so das Posener Bisthum in demselben Jahre gegründet worden sein. Ich sehe demnach gar nicht ein, warum ich die Jahreszahl, welche Thietmar angibt, verwerfen sollte.

gleich den stammverwandten Elbslaven in den Verband der deutschen Kirche trete und so enger durch geistige Bande an das Reich gekettet werde. Es wurden nun sogleich in dieser Angelegenheit Verhandlungen mit Mieczysław angeknüpft. [1]) Mit Zustimmung des Polenherzogs wurde noch in demselben Jahre in Posen ein Bisthum gegründet, welches auch sofort dem Magdeburger Erzstifte untcrordnet wurde. Die Grenzen der Posener Diöcese fielen natürlich mit den politischen Grenzen des Herzogthums, zusammen, können daher auch nicht genau angegeben werden. [2]) Jordan der sich

---

[1]) Sowohl die Ansicht, Otto habe allein, ohne Einverständniss Mieczysław's das Bisthum Posen gegründet, (wie eine solche Friese in seiner Kirchengeschichte Polens aufstellt), als auch die Meinung, Mieczysław habe dieses Bisthum ohne jede Mitwirkung des deutschen Kaisers (wie eine solche Bandkie I. 136 137 aufstellt), ist unrichtig und die Unrichtigkeit beider Behauptungen ist durch Roepell (629) genügend bewiesen worden. Roepell sagt: „In Posen ward nicht ohne Mitwirkung Otto's des Grossen, das erste polnische Bisthum gestiftet" und das ist wohl die einzige richtige Auffassung und Erklärung dieses so wichtigen Ereignisses. Roepell konnte wohl etwas präciser sich ausgedrückt haben, er hätte angeben können, dass die Idee doch von Otto und nicht vielleicht, wie man aus diesem Texte zu entnehmen sich berechtigt fühlen würde, und nicht von Mieczysław ausging.

Wie sehr übrigens das Posener Bisthum, seit seiner Stiftung unter deutschem Einfluss gestanden ist, beweist deutlich der Umstand, dass, als Otto III. im Jahre 1000 dieses Bisthum der neugegründeten Metropole Gnesen unterwerfen wollte, es gegen diese Massregel auf das Entschiedenste protestirte.

[2]) „Posen sollte den christlichen Glauben im Lande überhaupt verbreiten, man liess also wahrscheinlich nach Osten, Norden und Süden die Grenzen offen . . . Gegen Westen aber erforderte die Auseinandersetzung mit Brandenburg und Meissen eine genauere Bestimmung." Roepell I., S. 652. — Diese Bestimmung ist aber bei

bei der Bekehrung des polnischen Volkes durch unermüdlichen Eifer ausgezeichnet hatte, und sich der besonderen Gunst Dąbrówka's erfreute, wurde zum ersten polnischen Bischof geweiht.¹) Nun schien es, dass Polen vollkommen, ohne Rückfall dem deutschen Reiche unterwürfig gemacht worden sei, und dass Deutschland in kurzer Zeit dieses Land durch seine Kirche, die hier jetzt festen Fuss fassen konnte, gänzlich germanisiren werde.

Dem war aber nicht so. Durch den freiwilligen Uebertritt zum Katholicismus, und noch mehr durch die Einführung der deutschen Kirche in Polen, hatten Mieczysław und sein Volk die abendländische, deutsche Civilisation angenommen, und doch dabei ihre Selbstständigkeit bewahrt. Hätten sich die Polen gegen die

---

Roepell gar nicht genau. Richtig geben die Grenzen des Meissener Bisthums L. Giesebrecht, I., S. 200, und Zeissberg, S. 78, an. Die betreffende Stelle bei dem Letzteren lautet: „Der Meissener Sprengel reichte von den Quellen der Oder bis an jene der Elbe. Im Westen zog sich eine Linie, die Böhmen von dem Gaue Niseni schied, nach den Quellen der Mulde hin, und folgte dann den beiden Ufern dieses Flusses, der sich in die Elbe ergiesst. Von seiner Mündung bildete die Elbe die Grenze so weit, dass noch die Provinz Nisici eingeschlossen wurde, wie auch Lusici und Selpoli bis zur Stadt Sulpize und dann die Oder bis an ihre Quellen zurück."

¹) Leider bin ich nicht im Stande die Resultate der Bestrebungen und der Thätigkeit dieses ersten polnischen Bischofs, wenn auch noch so oberflächlich, anzugeben. Aus der Passio Sancti Adalperti Martiris ap. Mon. Pol. I., pag. 151—156 erfährt man, dass in Gnesen, bereits unter der Herrschaft Mieczysław's eine Kirche erbaut wurde. In dieser Passio heisst es nämlich, dass Bolesław I. Adalberts Leichnam nach Gnesen bringen liess und denselben „in basilica, quam Misico, bonae uir memoriae, domino fabricaverat, reuerenter collocavit."

Annahme des Christenthums gesträubt, so wäre ihnen
früher oder später das traurige Loos ihrer Brüder, der
Elbslaven zu Theil geworden. Deutschland hätte, nach
blutigen Siegen, sie zur Annahme der neuen Religion
gezwungen und dann — dann wäre sicher die gewaltsame Germanisirung eingetreten. Durch ihren Starrsinn
hätten die Polen ihre Freiheit, ihre Religion und — was
einem Volke das Theuerste ist — ihre Nationalität auf
ewig eingebüsst. Jetzt aber hatten sie ihre Freiheit, ihre
Religion, ihre Nationalität gerettet, um so mehr als die
Deutschen, in der Ueberzeugung, der Besitz Polens sei
ihnen schon gesichert, keine weiteren Schritte zur Unterwerfung und Germanisirung dieses Landes thaten, sondern dasselbe ganz seinem Schicksale überliessen und
durch ihre Friedenspolitik es in seiner Machtentwicklung sogar unterstützten.

Von den Deutschen haben die Polen den Keim
der Civilisation empfangen, aber sie haben diesen Keim,
ihrer Nationalität entsprechend, in sich gepflegt und
entwickelt. Freilich bedurfte die zarte Pflanze einer
festen Stütze, um nicht als Knospe zu verkümmern.
Diese Stütze fand sie an Deutschland.[1]) Als sie aber
genährt durch einen saftigen Boden, immer kräftiger
wurde, trennte sie sich von der Stütze, welche sie jetzt
in ihrem Wachsthum nur aufhalten konnte, und entwickelte sich rasch zu einem stattlichen, blüthenreichen
Baume, der schon bald gesunde Früchte trug.

Das Christenthum war die Grundlage, auf welcher
sich das politische und sociale Leben Polens entwickelt

---

[1]) Ganz richtig bemerkt W. Giesebrecht (I., 734): Nur in der
Anlehnung an das Kaiserthum fanden Mieczysław und Bolesław
die Mittel, ein polnisches Reich zu errichten.

hat. Bis zur Tiefe ihres Herzens von der Erhabenheit der christlichen Religion durchdrungen, fanden bald die Polen ihre geschichtliche Mission in derselben, die grosse Mission, die christliche, civilisirte, europäische Welt gegen die Angriffe der nichtchristlichen, barbarischen, asiatischen Welt zu vertheidigen.¹) Diese Mission hat das polnische Volk während der ganzen Dauer seiner politischen Existenz auch immer rühmlich erfüllt. Durch Jahrhunderte war Polen die Mark des christlichen Abendlandes. Eine schöne, glänzende Stellung! Diese Stellung hat Polen der Einführung des Christenthums zu verdanken.

Welchem Ereignisse verdankt aber Polen die Einführung des Christenthums?

Dem ersten Zusammenstosse mit Deutschland.

Wenn wir nun berücksichtigen, dass die Polen dem ersten Zusammenstosse mit Deutschland auch noch ihre Vereinigung zu einem mächtigen Volke verdanken, so werden wir uns bewogen fühlen, diesem Ereignisse eine ungeheure Bedeutung beizulegen, ja wir glauben sogar nicht zu irren, wenn wir behaupten, dass der erste Zusammenstoss Polens mit Deutschland fast einen

---

¹) „Auch diese (Polen), bereits zu einem grösseren kräftigeren Staatsganzen vereinigt, unterliegen zunächst dem Einfluss des deutschchristlichen Abendlandes und empfangen von ihm das Christenthum in der Form der römischen Kirche. Dann aber erheben sie sich in eigner Kraft und gründen ein echt nationales, mächtiges Reich, welches Jahrhunderte lang die abendländische Christenheit und ihre Bildung gegen den Andrang asiatischer Barbarenhorden ruhmvoll vertheidigt hat." Roepell.

Dass die Polen dieser Mission seit jeher sich auch vollkommen bewusst waren, beweist die schöne uralte Sitte, während des Evangeliums das Schwert aus der Scheide zu ziehen, zum Zeichen, dass sie bereit seien, für die Lehre Christi ihr Blut zu vergiessen.

solchen gleichbedeutenden Einfluss auf die weitere Entwicklung jenes Volkes ausgeübt hat, wie die Schlacht am Lechfelde auf die Entwicklung des ungarischen Volkes.

Der Schlacht am Lechfelde verdankt Ungarn seine Cultur, seine Existenz.

Dem ersten Zusammenstosse mit Deutschland verdankt Polen seine Civilisation, seine Geschichte!

BEILAGEN.

Erste Beilage.

Ueber die Entstehung Polens.

Die Urgeschichte Polens bietet, sowie die eines jeden Volkes, den gelehrten Geschichtsforschern eine erwünschte Gelegenheit, ihre Kenntnisse und ihren Scharfsinn zu zeigen. Natürlich konnten jene Gelehrten, welche einen entschiedenen Hang zur Grübelei besitzen, diese Gelegenheit nicht unbenutzt lassen. Hypothese wurde auf Hypothese aufgethürmt. Was hat aber die Wissenschaft dadurch gewonnen? Das darf man wohl nicht fragen, wenn man sich nicht der Gefahr aussetzen will, nach erhaltener Antwort seine Neugierde durch bittere Enttäuschung bestraft zu sehen. Alle diese äusserst scharfsinnigen, gelehrten, unerschütterlichen Hypothesen lassen sich durch eine einzige, einfache, gesunde, logische Einwendung, so wie ein Kartenpalast durch einen schwachen Athemhauch umstürzen. Der Leser bleibt so klug wie zuvor. Was sage ich? — In diesem Labyrinthe der Hypothesen kann man sich nur zu leicht verirren. Vergebens sucht man dann einen Ausgang. Wenn man nicht so glücklich ist, den Ariadnefaden in Gestalt einer starken Dosis kalter Ueberlegung zu besitzen, wird man ihn nicht finden. Statt durch Ausscheidung der Sage von der Wahrheit die vorhistorische Zeit zu klären, haben die Gelehrten durch ihre scharf- und tiefsinnigen Grübeleien dieselbe nur verdunkelt. Ihre Hypothesen tragen in einem viel höheren Grade das Gepräge der Fabel an sich, als die Sagen, welche sie durch diese Hypothesen erklärt zu haben glaubten. Zu dieser Kategorie der gelehrten Grübler gehört unstreitig in erster Linie August Bielowski. Dieser Geschichtsforscher behauptet (in seinem Werke: Wstęp krytyczny do dziejów Polski p. 493 und folg.), dass die Polen von den Geten und Daciern abstammen, dass Ziemowit, Piat's Sohn und Decebalus eine und dieselbe Persönlichkeit sei. Er identificirt aber auch ferner denselben Ziemowit mit dem grossmährischen Swatopluk und stellt die Ansicht auf, das grossmährische Reich sei die Fortsetzung des dacischen und das polnische die Fortsetzung des grossmährischen.

Wenn die Beweisführung, deren Zusammenstellung ohne Zweifel dem gelehrten Forscher ungeheure Mühe gekostet hat, wenn, sage ich, die Beweisführung Bielowski's zu seinen Hypothesen über die Entstehung Polens nicht so umfassend und verwickelt wäre, so möchte ich mir hier erlauben dieselbe Satz für Satz durchzugehen. Dies zu thun ist mir aber leider unmöglich, denn wenn ich die Beweisführung nur halbwegs gründlich möchte analisiren und die Unrichtigkeit nur oberflächlich widerlegen wollen, so müsste ich ein Werk verfassen, welches zweimal so umfassend wäre als das angeführte Werk Bielowski's.

Ich werde mich daher wohl nur auf einige wenige, allgemeine Bemerkungen beschränken müssen.

Gestützt auf griechische und lateinische Schriftsteller (Trogus, Tacitus u. a.), so wie auf die polnische Chronik des Dzierzwa (oder Miorz, wie er will) und anderen ähnlichen Gewährsmännern, beweist er, dass Alles, was uns die alten polnischen Chroniken von der Entstehung Polens und von seinen ersten Herrschern berichten, Alles, was wir heutzutage für Sagen und Märchen halten, dass Alles dies geschichtliche Thatsachen sind, welche durch glaubwürdige Quellen sich feststellen lassen. Er behauptet, dass Krakus, Wanda, Piast, Ziemowit, lauter für uns bis jetzt mythische Persönlichkeiten, in der Geschichte der Dacier eine wichtige Rolle gespielt haben. Daraus zieht er nun den Schluss: die Dacier seien die Vorfahren der Polen; das polnische Reich sei aus dem Dacischen hervorgegangen. [1])

Wahrhaftig ein kühner Schluss! Wir geben zu, dass zwischen den Fabeln, die uns die polnischen Chroniken erhalten haben und der dacischen Geschichte eine auffallende Aehnlichkeit zu bemerken ist.

Was beweist aber diese Aehnlichkeit? Offenbar nichts

---

[1]) In der Vorrede zur „Mierszwy Kronika", Mon. Pol. II., p. 159, hält er noch immer an diese Hypothese fest. Er sagt dort: „Widać przecież jak na dłoni, że tłem owych powieści, jest zadunajska kraina, są przygody tych ludów, które w Iliryku mieszkając, najpierw z Macedonami a później z Rzymianami do boju występowały, o których to ludach Nestor rozpowiada, że byli Słowianami, że ich tamże Paweł apostoł nauczał, i że później ztamtąd ku północy nad Wisłą i Dniepr wyciągnęli." „Man sieht doch ganz klar und deutlich, dass der Hintergrund jener Sagen die Süddonauländer und die Schicksale der Völker sind, welche in Illyrien wohnend, zuerst mit den Macedoniern, dann mit den Römern kämpften. Von diesen Völkern berichtet Nestor, dass sie Slaven waren, dass der Apostel Paul ihnen in Illyrien das heilige Evangelium predigte und dass sie später von dort gegen Norden an die Ufer der Weichsel und des Dniepr zogen." Daraus zieht er dann den Schluss, dass die Piasten identisch mit den Decebaliden seien. Die angeführte Bemerkung mag richtig sein, dass aber der Schluss viel zu gewagt, ja ganz und gar unbegründet ist, wird jeder Unbefangene zugeben müssen. Von allem abgesehen, kann doch der Umstand, dass die Süddonauvölker in die Weichsel- und Dniepr-

Anderes, als dass die polnischen Chronisten und Annalisten, da sie in Verlegenheit waren, wie denn die Entstehung Polens darzustellen, zu allen möglichen Hypothesen ihre Zuflucht nahmen, aus allen möglichen Schriftstellern des Alterthums verschiedene Notizen herausschrieben, alle diese Hypothesen und Notizen zu einem Ganzen verschmolzen, dieses Ganze mit schwülstigen Phrasen und gelehrten Citaten ausschmückten und dieses entsetzliche, erbärmliche Machwerk für die Urgeschichte Polens ausgaben. Die classischen Schriftsteller behandelten am weitläufigsten die Geschichte der Dacier. Ganz natürlich. Von allen Barbarenvölkern, welche die slavischen Länder im Alterthume bewohnt hatten, waren die Geten und die Dacier diejenigen, welche am häufigsten mit den Römern in Berührung kamen. Die polnischen Chronisten legten also der Urgeschichte Polens die Geschichte Daciens hauptsächlich zu Grunde. Nur auf diese Weise können

---

gegenden zogen nicht als Beweis dafür dienen, dass das polnische Reich die Fortsetzung des Dacischen sein soll. Weiss man denn bestimmt, dass diese Völker bis zur Mündung der Weichsel vorgedrungen sind, dass sie sich die Netze und Warthe entlang ausgebreitet, dass sie, mit einem Worte, das Posenergebiet, die Heimat der Piasten, in Besitz genommen haben? — Nein! Sie konnten ja in das Krakauergebiet (ebenfalls eine Weichselgegend) und nicht weiter gekommen sein, und vielleicht ist eben dieser Umstand ein Hauptgrund der Charakterverschiedenheit der Kleinpolen von den Grosspolen. — Weiss man denn ferner bestimmt, dass diese Stämme während der Wanderungen immer vereint geblieben sind, dass sie die durch eine momentane Nothwendigkeit hervorgerufene militär-monarchische Verfassung stets unversehrt bewahrt und treu an der Dynastie des Decebalos festgehalten haben? Nein! Weiss man denn endlich bestimmt, dass diese Dynastie sich acht Jahrhunderte lang am Leben erhielt? Noch einmal Nein! Man sieht also, dass Bielowski, was die Begründung seiner Hypothesen anbelangt, in dem Mon. Pol. nicht viel glücklicher ist, als in seinem von mir citirten Werke.

wir uns die Einflechtung der Ereignisse, welche sich in den
Donauländern im ersten Jahrhunderte n. Chr. zugetragen
hatten, in die polnische Geschichte erklären. Es braucht kaum
gesagt zu werden, dass diese Einflechtung die nachtheiligsten
Folgen nach sich zieht, indem durch sie die ohnehin wenig
zuverlässigen, einheimischen Mythen und Sagen gänzlich entstellt und so die Feststellung derselben in ihrer ursprünglichen Form, sowie ihre Deutung ungemein erschwert werden.
Selbst dem scharfsinnigen Bielowski ist es nicht gelungen,
diese Schwierigkeiten zu überwinden. Dennoch ist es nicht
uninteressant zu sehen, wie dieser Gelehrte, gestützt auf
Miorsz u. a., die Identität des grossmährischen und polnischen Fürsten zu beweisen sich bemüht. Die betreffende
Stelle in der Chronik des Miorsz lautet:

Semovito autem mortuo filius ejus Lestko, Lestkoni vero
filius ejus Semislaus succedit, quorum utrumque animi generositas, robur corporis, felices ad omnia successus, addeo
reddidere insignes, ut omnium pene regum virtutes suis antecesserint virtutibus.

Nachdem nun Bielowski in dem zweiten Buche seines
von mir schon erwähnten Werkes sehr scharfsinnig nachgewiesen hat, dass Miorsz unter dem Semovitus den Decebalus
verstand, behauptet er jetzt, es sei hier vom grossmährischen
Swatopluk die Rede. Und da soll Jemand daraus klug werden?
Decebalus wurde von den lateinischen Schriftstellern Cendeboldus genannt. Cendeboldus wird von den Chronisten
(z. B. von Regino) auch der Swatopluk genannt. Semovitus
ist aber nichts anderes als Decebalus in die slavische
Sprache ¹) übertragen; folglich ist Decebalus, Swatopluk und

---

¹) δε - Κέβαλος, de - Cibalus. — ἡ Κυβέλη die Erde; also
Δεκέβαλος von der Erde (als Göttin). Abstammende Ziemowit, zusammen aus Ziemia Erde und Wit Gott. Biel. 412.

Ziemowit eigentlich ein und derselbe Name. So raisonnirt Bielowski. Diesem Umstande schreibt er die Schuld zu, dass Miorsz und die anderen polnischen Chronisten den dacischen Decebalus mit dem grossmährischen Swatopluk verwechselt haben. Aber es konnte doch, Miorsz, als er die Thaten des Semovitus in seiner Chronik niederschrieb, unter diesem Namen sich nicht zwei Persönlichkeiten zugleich vorgestellt haben. Er hat Decebalus gemeint. Gut! Bleiben wir beim Decebalus. Unmöglich! Nach dieser Annahme wäre Decebalus der Urgrossvater Mieczysław's. Mieczysław lebte aber 800 Jahre nach dem Decebalus. Er hat Swatopluk gemeint. Ja wie konnte er aber dann diesem Fürsten die Thaten des dacischen Herrschers zuschreiben. Vergebens bemühen wir uns in diesem Labyrinthe einen Ausweg zu finden! Vergebens!

Analisiren wir aber immerhin, nur aus blosser Neugierde, die weiteren Gründe, welche Bielowski anführt, um die Richtigkeit seiner Hypothese zu beweisen Er sagt: „Ziemowit regierte in Polen zu derselben Zeit, als Swatopluk in Grossmähren — wenn man die Jahre von Mieczysław hinaufzählt." Das mag vielleicht richtig sein. Er sagt ferner: „Das grossmährische Reich fasste auch Polen in sich. In Polen und nicht anderswo herrschte auch Ziemowit." Er sagt schliesslich: „So ruhmvoll wie Swatopluk hatte keiner seiner Vorfahren regiert, dasselbe gilt aber auch von Ziemowit." Und nun zieht Bielowski daraus den Schluss, dass Swatopluk und Ziemowit eine und dieselbe Person sind.

Dagegen lässt sich einwenden.

1. Es ist nicht geschichtlich festgestellt, dass Polen zum grossmährischen Reiche gehört habe.[1])

---

[1]) Ich meine hier das ganze Land Polen und besonders Grosspolen. Kleinpolen mag wohl der Herrschaft Swatopluk's unterworfen gewesen sein und dadurch auch zum Theil seinen ursprüng-

2. Wenn es ihm auch gehört habe, so konnte es doch von einem einheimischen Fürsten regiert worden sein. Dieser Fürst wäre in dem Falle ein Vasall Swatopluk's gewesen.

3. Was die grossen und herrlichen Thaten Ziemowit's anbelangt, so sind dieselben aus den Chroniken nicht nachweisbar, denn Miorsz spricht nur (nach der Ansicht Bielowski's) von Decebalus und die Späteren, wie Gallus, haben den Miorsz nur abgekürzt.

Mit grosser Consequenz fährt nun Bielowski fort, seine Hypothesen aufzustellen. Lestko ist, seiner Ansicht nach, Niemand anderer als der älteste Sohn Swatupluk's Mojmir. Dies braucht er gar nicht zu beweisen. Das folgt ja schon aus der Annahme, dass Ziemowit und Swatopluk eine und dieselbe Person sind.

Da ich aber die Unwahrscheinlichkeit dieser Annahme bereits bewiesen habe, so fällt diese zweite Hypothese in sich zusammen. Desgleichen alle übrigen, die sich auf die erste Annahme stützen.

Was für schlechte Seiten nun die misslungene Beweisführung Bielowski's haben mag, so lässt sich doch ihre Nützlichkeit für die Geschichtsforschung nicht leugnen.

Diese Beweisführung zeigt uns nämlich deutlich, wie unzuverlässig die von Bielowski angeführten Quellen in Bezug auf die Urgeschichte Polens sind. Sie beweisen, dass die gelehrten Verfasser dieser Quellen sich unendlich viel Mühe gaben, aus allen möglichen Notizen, welche sie aus den ver-

---

lichen nicht polnischen Charakter wenn nicht gerade eingebüsst, doch wesentlich verändert, während Grosspolen denselben bis in die spätesten Zeiten rein und unverdorben bewahrte. Dies beweisen schon die Namen Gross- und Kleinpolen, deren Bedeutung Šafařik (II., 38., 2) so scharfsinnig festgestellt hat.

schiedenartigsten Werken gesammelt hatten, die Urgeschichte Polens zusammenzuflicken. Den Faden bildeten die schönen Phrasen und ihre Phantasie war die Nadel. Doch sie verstanden sich nicht gut auf diese Schneiderkunst. Die Naht war zu sichtbar und zu schwach, als dass sie ein halbwegs geübtes Auge nicht hätte erblicken, eine halbwegs gewandte Hand nicht hätte trennen können. Dies that Bielowski. Er entfernte die Naht, die verschiedenen Stoffe fielen von einander ab, und — siehe da — es waren nur Lappen. Durch diese That hat sich Bielowski einen nicht unbedeutenden Verdienst um die Geschichtsforschung erworben. Wäre er nur dabei geblieben. Doch nein! Er wollte aus den Lappen einen prächtigen Teppich erzeugen. Das ging aber leider nicht.

Neben den riesigen Hypothesen Bielowski's verschwinden die der anderen Geschichtsforscher. Ich werde sie daher nur kurz erwähnen.

Lelewel behauptet, die eigentliche Geschichte beginne erst mit Mieczysław. Alles frühere sei Fabel. Und doch spricht er von den Eroberungen der Vorfahren Mieczysław's (II str. 13).

Szajnocha [1]) lässt die Polen von den Normanen und Waregen abstammen.[2])

---

[1]) Lechicki początek Polski. Lwów 1858.

[2]) Šafařik, der kein grosses Vertrauen zum Kadłubek et consortes hat, hält nur den Popiel, Piast u. s. w. für geschichtliche Persönlichkeiten, wie wohl er die Früheren nicht ganz verwirft (Okr. II. Cl. 37, 3), und gibt sogar, meistens nach Lelewel die Regierungszeit dieser Herrscher, sowie die Länder, welche sie besessen haben sollen, an. So soll denn Zemowit v. 860 bis 891, Leszek bis 921 und Semomysl bis 962 über Polen geherrscht haben, welches Land sich bis zu den Karpathen erstreckt haben soll. Diese Ansicht stützt er auf einen Bericht einer polnischen Chronik,

Maciejowski („Pierwotne dzieje Litwy i Polski") lässt die aus Sachsen und dem Suevenlande nach Polen eingewanderten Lazzen durch lange Zeit dort herrschen und dann durch eine einheimische Dynastie gestürzt werden, entsprechend der Sage von Popiel und Piast.

Szujski sieht in den Ueberlieferungen nur den Kampf zwischen Popiel, dem Fremden, dem Tyrannen, und Piast, dem Volksvertreter, für die einzige geschichtliche Thatsache

wo es heisst, dass die Polen und Ungarn nach dem Sturze des grossmährischen Reiches das Krakauer Gebiet verwüsteten. Dieser unglückliche Bericht mag auch wohl zum Theile die polnischen Chronisten bewogen haben, eine Geschichte der Vorfahren Mieczysław's zu fabriciren. Sie meinten nämlich: „Wenn bereits nach dem Tode Swatopluk's das Krakauer Gebiet zu Polen gehörte, so musste dieses vor dem Sturze des grossmährischen Reiches immerhin schon eine bedeutende Ausdehnung gehabt haben. Eine solche Ausdehnung konnte nur die Folge glücklicher Eroberungen gewesen sein und diese setzten wieder langwierige Kriege, welche durch mehrere Menschenalter dauerten, voraus. Es mussten also vor Mieczysław viele Herrscher über Polen geherrscht haben, welche viele blutige Kriege geführt und viele glänzende Siege erfochten haben." So raisonnirten die mittelalterlichen Geschichtschreiber Polens, und nun bemühten sie sich möglichst viele Vorfahren Mieczysław's aufzutreiben und denselben möglichst viele Kriege und Siege zuzuschreiben, ohne zu bedenken, dass der erwähnte Bericht falsch sein kann, und wenn er auch nicht falsch ist — was ich hier gar nicht zu erörtern brauche -- so kann er doch unmöglich als Stütze ihrer Behauptung dienen. Dort ist nur von den Polen und nicht von Piasten die Rede. Die Polen, welche das Krakauer Gebiet verwüsteten, konnten ein freier von Grosspolen und dessen Herrschern gänzlich unabhängiger Stamm gewesen sein. — Ebenso falsch ist die Stelle Nestor's aufgefasst worden, welche berichtet, dass die Russen den Polen einige Städte Rothrusslands entrissen haben. Auf diese Stelle gestützt, hat man nun behauptet, dass Rothrussland dem Mieczysław unterthan war! Auch Szajnocha ist von diesem Irrthume befangen.

an. Wenn ich nun aber den Schluss, den ich aus den scharfsinnigen Hypothesen Bielowski's gezogen habe, fest im Auge behalte, so kann ich auch der Ansicht dieses Geschichtsforschers nicht beipflichten.

Am richtigsten spricht sich Roepell über die sagenhafte Urgeschichte Polens, wie selbe uns die polnischen Chroniken überliefert haben, aus. Er sagt in seiner Geschichte Polens I. p. 81: „In jenen poetischen Erzählungen aber von Leschek, Popiel, Piast und Meschko stellten sich uns die Hauptwendepunkte der Schicksale des eigentlich polnischen Stammes vorhistorischer Zeit dar: die ursprüngliche Einheit aller Slavenstämme nämlich und ihre Sonderung, das Emporkommen eines Herrschergeschlechtes bei den Grosspolen und die Einführung des Christenthums."[1])

Was wir von der Ansicht Szujski's gesagt haben, das gilt auch theilweise von der eben erwähnten Meinung Roepell's.

So lange uns nicht triftigere Gründe und bessere Beweise für die Wahrheit der einen oder der andern Sage der polnischen Urgeschichte vorliegen, sehe ich mich gezwungen, sämmtliche Fabeln, also die ganze, uns durch die Chronisten und Annalisten überlieferte Urgeschichte bis zum Auftreten Mieczysław's vorläufig gänzlich aus dem Texte auszuscheiden. Damit ist aber keineswegs gesagt, dass ich auf die Erklärung der Entstehung Polens gänzlich verzichte. Im Gegentheil. Die Entstehung dieses Reiches suche auch ich zu erklären, — wie man aus dem Texte ersehen kann, — indem ich mich dabei selbst der Gefahr aussetze, dass meine Erklärung Manchen zu einfach vorkommen wird.

Zum Schluss nun sei es mir erlaubt zu bemerken, dass

---

[1]) Roepell leitet Choscisco (Namen des Vaters Piast's) von chodzić, gehen, wandern, und stützt darauf seine Hypothese von der Einwanderung. — Bielowski leitet den Namen v. cohosficio, Wagner, ab.

der dem Mieczysław und seinen Nachkommen beigelegte Familienname „Piasten" nicht gerade der passendste ist, und zwar hauptsächlich aus dem Grunde nicht, weil Piast noch immer eine mythische Persönlichkeit ist.[1)] Viel passender wäre meiner Ansicht die Benennung „Bolesławiden oder Bolesławen", da doch Bolesław der Grosse, Sohn Mieczysław's, der Held seines Geschlechtes, der Held seines Volkes, der polnische Karl der Grosse ist. Wie man nun nach Karl dem Grossen dessen Geschlecht benennt, so könnte man, so sollte man auch die polnische Dynastie nach ihrem Helden, nach dem Gründer des Polenreiches, mit einem Worte nach Bolesław dem Grossen benennen. Wenn sich dann später auch erweisen würde, dass Piast doch eine geschichtliche Person ist — was mir sehr unwahrscheinlich vorkommt, — so könnte man nichtsdestoweniger die oben erwähnte Benennung beibehalten.

[1)] In welchem hohen Grade Bielowski die Kunst besass, die Quellen nach seinem Gutdünken auszulegen, um dieselben seinen Hypothesen anpassen zu können, mag folgender Umstand hinlänglich beweisen. Die Stelle in Gallus (I., 3): „Lestik quoque morienti Zemimizl eius genitus successit, qui parentum memoriam et genere et dignitate triplicavit, deutet er dahin, dass Ziemomysł sein Reich unter seine drei Söhne, nämlich Mieczysław, Cydebur und den Unbenannten getheilt hat. Also t r i p l i c a r e heisst bei Bielowski: in drei Theile theilen! Ueberflüssig ist die Bemerkung Zeissberg's (S. 13), dass gegen die Deutung Bielowski's die der erwähnten Stelle unmittelbar folgenden Worte des Gallus: „Hic autem Semimizl magnum et memorandum Meschonem progenuit" sprechen. Ueberdies scheint mir diese Bemerkung nicht ganz richtig zu sein. Es ist etwas zu gewagt aus dem Umstande, dass Gallus nur von Mieczysław spricht, folgern zu wollen, er negire gleichsam dadurch die Existenz der anderen Brüder, sowie auch die Theilung des Reiches. Vielmehr ist es sehr natürlich, dass Gallus, ein Geistlicher, nur den Herrscher erwähnt, der die christliche Religion eingeführt. Vor diesem wichtigen Ereignisse verschwinden alle anderen

Ereignisse in den Augen des geistlichen Schriftstellers; vor dem ersten christlichen Beherrscher Polens verschwinden seine heidnischen Brüder; sie sind der Erwähnung nicht würdig. Nichtsdestoweniger konnten (falls wir nur die von Zeissberg angeführte Stelle in Betracht ziehen) die Brüder Mieczysław's existirt und die Theilung stattgefunden haben. Nur wird jeder Unbefangene zugeben müssen, dass man eine Andeutung dieser Theilung in der von Bielowski angeführten Stelle nicht finden wird. — Eingehend hat auch Lelewel in seinem IV. Bande (S. 463—501) die Hypothesen Bielowski's analisirt, obgleich mit wenig Glück. Nachdem er nämlich dieselben angeführt und sie hie und da kritisch zergliedert hat, ohne ihnen jedoch scharf zu Leibe zu gehen, behauptet er plötzlich (S. 499) Ziemowit sei ein einheimischer Fürst, da der Ursprung Ziemowit's Geschichte nicht in Dacien oder Mähren, sondern in Posen zu suchen sei; eine Behauptung die noch eines ausführlichen und wohl begründeten Beweises bedarf, welchen letzteren Lelewel uns gar nicht liefert. Die äusserst scharfsinnige und verdienstvolle, wenngleich in ihren Resultaten gänzlich missglückte Forschung Bielowski's hat diesen Beweis ungemein erschwert, ja für den Augenblick fast unmöglich gemacht. Vielleicht ist es einem anderen Zweige der Wissenschaft, vielleicht der Mytologie oder der vergleichenden Sprachforschung bestimmt, das Dunkle, welches die Urgeschichte Polens umhüllt, wenigstens theilweise zu verscheuchen. Wie aber immer auch die Resultate dieser Bestrebungen ausfallen mögen, sie können — wie jeder leicht einsieht — keine Modification der in der vorliegenden Abhandlung aufgestellten Behauptungen erheischen.

Zweite Beilage.

Ueber die Kämpfe Mieczysław's mit den polnischen Stämmen.

Auf diese Kämpfe deuten die Worte des Chronisten Martinus Gallus (I. 5):

„At Mesco ducatum adeptus, ingenium animi coepit et vires corporis exercere, ac nationes per circuitum bello saepius atemptare."

Freilich ist man auf den ersten Blick verleitet zu meinen, „nationes" bedeute die Deutschen und Böhmen, mit denen Mieczysław Kriege führte, wie uns die deutschen und böhmischen Schriftsteller vermelden. Doch nach genauer Analysirung dieser Stelle, wird man sich bemüssigt sehen, von dieser Behauptung abzustehen. Es ist wohl zu bemerken, dass, nach der obigen Stelle, Mieczysław diese Völker sogleich oder wenigstens sehr bald nach seinem Regierungsantritte zu bekriegen anfing. Denn unser Chronist sagt ausdrücklich: „Mesco ducatum adeptus, ingenium animi coepit et vires corporis exercere, ac nationes per circuitum bello saepius atemptare." Nun wissen wir aber, dass Mieczysław fast seine ganze Regierungszeit hindurch mit den Böhmen im besten Frieden lebte und dass ein Krieg mit den letzteren erst im

Jahre 990, also zwei Jahre vor dem Tode Mieczysławs, ausbrach. Demnach konnte und kann unter „nationes" das böhmische Volk nicht mitverstanden werden. Es bleiben nun die Deutschen. Jedermann wird doch zugeben müssen, dass Gallus, um ein einziges Volk, nämlich das der Deutschen, zu bezeichnen, nicht den Begriff natio im Plural gebraucht haben würde. Wenn auch nun die Deutschen damals keine vollkommen einheitliche, keine einzige Nation bildeten, sondern in viele Stämme getheilt waren, so galten sie doch bei den fremden Völkern für e i n e Nation. Die fremden Völker vermochten nicht die Stammesunterschiede zu begreifen. Sie nannten alle Stämme eines Volkes mit demselben Namen. Es ist übrigens bekannt, dass die gemeinsame Benennung „Deutsche" nicht von den Deutschen selbst, sondern von den mit denselben in Berührung gekommenen Italienern, also von einem fremden Volke zuerst gebraucht wurde. Mit gleichem Rechte können wir auch behaupten, dass alle Slaven, somit auch die Polen, gleichfalls die Deutschen für e i n e Nation ansahen. Oder sollen wir den Polen mehr Scharfsinn zumuthen? Dazu ist kein triftiger Grund vorhanden. Doch gesetzt den Fall, die Polen wären so scharfsinnig gewesen, dass sie die Stammesunterschiede des deutschen Volkes hätten wahrnehmen können, — was, ich wiederhole es, sehr unwahrscheinlich ist, — so hinderte sie an dieser Wahrnehmung eine Unmöglichkeit, denn unter Mieczysław kamen die Polen nur mit dem einzigen Stamme der Sachsen in Berührung und später, besonders zur Zeit, als Gallus seine Chronik schrieb, also am Anfang des XII. Jahrhunderts waren die Stammesunterschiede schon so weit verwischt, dass die Deutschen selbst sich als e i n Volk fühlten und nannten. Um so mehr mussten sie als e i n Volk anderen Völkern und so auch den Polen erscheinen. Aus diesem Allen ersehen wir nun, dass Gallus mit „nationes" nicht die Deutschen allein hat bezeichnen können, dass er also ausser den Deutschen

— wenn er überhaupt darunter die Deutschen verstand, worauf ich noch zurückkommen werde — noch andere Völker damit bezeichnete. Nun frägt es sich, was für Völker der wortkarge Gallus hier meinte. Allerdings wird es nicht sehr leicht sein dies zu erörtern, da weder die deutschen Quellen, noch selbst die übrigen einheimischen Chroniken und Annalen irgend eine Nachricht darüber zukommen lassen. Man muss sich hier durch Combinationen zu helfen suchen.

Aus den deutschen Quellen ersehen wir nur, dass Mieczysław zweimal gegen slavische Völker, welche Wichmann anführte, gekämpft habe, und zwar in den Jahren 963 und 967, so wie dass er in den Jahren 985, 986 und 991 mit Otto III. die Stoderaner bekriegt und Brandenburg belagert habe. Da es in der erwähnten Stelle sich nur um die Kriege, welche Mieczysław am Anfang seiner Regierung führte, handelt, so wollen wir von den drei letzten Feldzügen absehen und nur die zwei ersten einer näheren Betrachtung unterziehen. Wir müssen nun gestehen, dass Gallus unter „nationes" die von Wichmann angeführten Völker verstehen konnte, jedoch geht auch deutlich aus seiner Stelle hervor, dass er nebst diesen auch noch andere Völker bezeichnen wollte. Die Worte „per circuitum" beweisen dies. Durch diese Worte wollte Gallus offenbar doch nichts anderes sagen, als dass Mieczysław die Stämme, welche im Umkreise um seinen Stammgau horum wohnten, bekriegt habe. Hätte Gallus mit „nationes" nur die von Wichmann angeführten Stämme bezeichnen wollen, so hätte er sich viel deutlicher und präciser ausgedrückt. Er hätte diese Stämme mit ihrem Namen genannt, oder wenigstens die Ströme, an deren Ufern sie wohnten, die Weltgegend ihrer Wohnsitze angegeben. Bei den Deutschen müsste er dies noch eher angegeben haben. Das und besonders der Umstand, dass Gallus bei der Erwähnung dieser Kämpfe Mieczysław's das Wort „saepius" gebraucht, bestärkt mich in meiner früheren Ansicht. „Saepius" kann man doch nicht anders übersetzen als „öfters, sehr oft". Mieczysław führte aber gegen die Deutschen nur zweimal, gegen die von Wichmann angeführten Slaven ebenfalls nur zweimal Krieg, und zwar fällt der erste Feldzug gegen die letzteren mit dem ersten Feldzug gegen die ersteren zusammen. Somit hätte Mieczysław drei Feldzüge während seiner ganzen Regierungszeit, während dreissig Jahren, unternommen. In diesem Falle hätte aber Gallus keineswegs „saepius" setzen können. Wenn er es nun gesetzt hat, so wollte er damit sagen, dass Mieczysław öfters, ja fortwährend, also sicherlich mehr als dreimal die angrenzenden Völkerschaften bekriegte. Dann musste er aber noch gegen andere Völker, als die Deutschen und die in den deutschen Quellen erwähnten Slaven, gekämpft haben. Es scheint aber auch, dass Gallus, als er die erwähnte Stelle schrieb, an die Deutschen gar nicht dachte. Gallus gebraucht nämlich das Wort „nationes". Bekanntlich gebrauchen aber die geistlichen Schriftsteller, und ein solcher ist ja unser Gallus, die Ausdrücke „nationes, gentes", um die Heiden zu bezeichnen. Verstand also Gallus unter „nationes" heidnische Völker, so konnte er unter derselben Bezeichnung keinesfalls auch zugleich die Deutschen verstehen. Umsomehr gewinnt nun meine oben aufgestellte Behauptung über die Kämpfe Mieczysław's mit den polnischen Stämmen an Wahrscheinlichkeit. Diese Behauptung wird zur geschichtlichen Thatsache, wenn man mit derselben folgende Stelle aus den Hildesheimer Jahrbüchern verbindet: „... ibique venit ad eum (Ottonem) Misaco [1]) cum multitudine nimia, ..." „Multitu-

---

[1]) Otto rex adhuc puerulus cum magno exercitu Saxonum venit in Sclaviam, ibique venit ad eum Misaco cum multitudine nimia, obtulitque ei unum camelum et alia xenia multa, et se ipsum etiam subdidit potestati illius. Qui simul pergentes, devastave-

dine nimia" darf man hier nicht anders auffassen und übersetzen, als es Szujski gethan hat, nämlich: „mit einem unzählbaren, ungeheuren Volks- oder Völkerhaufen." [1]) Wenn Winkelmann übersetzt: „mit zahlreichem Gefolge", so ist er offenbar im Unrecht, denn unter Gefolge versteht man immer eine kleinere Abtheilung, meist nur eine auserlesene Schaar, welche den Fürsten oder Ritter begleitet, Trabantendienste leistet, während doch „multitudo" die „Menschenmasse" den „Volkshaufen" bezeichnet, und hier so viel bedeutet als „Kriegsschaaren, Kriegshaufen", die Mieczysław dem Otto zuführte und an deren Spitze kämpfend er dem deutschen Kaiser zum Siege verhalf. Dass dieser Kriegshaufen aber ein an Grösse, an Männerzahl ausserordentlicher war, darauf deutet das Wort „nimia", welches man nicht anders als durch „übermässig, unzählig, ungeheuer" übersetzen kann, ferner auch der Umstand, dass in denselben Hildesheimer Jahrbüchern ein paar Zeilen früher zum Jahre 985,[2]) als von dem Heere, welches Mieczysław den Sachsen zu Hilfe geführt hatte die Rede ist, „magno exercitu" steht. Wenn nun der Annalist gleich

---

runt totam terram illam iucendiis et depopulationibus multis. — Annales Hildesheimenses ad. a. 986. — Vgl. Thietmar IV. c. 7.

[1]) Mieczysław wyczekiwał skutku i dopiero w latach 986 i 992 widzimy go na czele nie z liczone go ludu walczącego po stronie cesarskiej. Szujski: Dzieje Polski I., 55. „Mieczysław wartete die Folgen ab, und erst in den Jahren 986 und 992 sehen wir ihn an der Spitze eines ungeheueren Volkshaufens auf der Seite des Kaisers kämpfen." Aehnlich übersetzt auch Szajnocha (str. 40) „magnus exercitus" mit „wielkie wojsko" „ein grosses Heer" und „nimia multitudo" mit „niezmierna mnogość" „eine unermässliche, unzählbare Menge."

[2]) Et eodem anno Saxones Sclaviam invaserunt, quibus ad supplementum Misaco cum magno exercitu venit; qui totam terram illam incendiis et caedibus multis devastaverunt. — Annales Hildesheimenses ad. a. 985.

darauf „nimia multitudine" schreibt, so will er offenbar dadurch sagen, dass das Heer Mieczysław's im Jahre 986 zum mindesten eben so gross oder vielleicht noch grösser als jenes vom Jahre 985 war. Nun ist wohl zu bemerken, dass keine deutschen Chroniken und Annalen von einem grossen Heere Mieczysław's vor dem Jahre 985 sprechen. Dieser Umstand beweist aber auch am besten, dass Mieczysław keine bedeutende Streitmacht vor diesem Jahre besass. Würde er eine solche besessen haben, die deutschen Chronisten hätten sich sicherlich beeilt, uns dies mitzutheilen. Sie hätten dadurch den zwei Siegen der Deutschen über Mieczysław einen grösseren Glanz verliehen, sowie auch die Niederlage des Markgrafen Hodo entschuldigt.[1]) Sie thaten es nicht, folglich besass Mieczysław im Anfang seiner Regierung nur eine geringe Streitmacht. Diese Streitmacht erscheint uns aber in den Jahren 985 und 986 als eine sehr bedeutende. Wie sollen wir uns nun diesen plötzlichen Zuwachs des polnischen Heeres erklären? Nur eine einzige Vermuthung ist hier möglich, eine einzige Art der Erklärung zulässig. Wir können nur behaupten, Mieczysław habe seine Streitmacht vergrössert, indem er die angrenzenden Völker durch Waffen zwang, oder auf friedlichem Wege bewog seinem Oberbefehl, seiner dictatorischen Gewalt sich zu unterwerfen, unter seine Fahnen sich zu reihen und mit vereinten Kräften die gemeinsamen Feinde zu besiegen. Genug auf was für einem Wege es auch immer war, er hat sie unter seine Botmässigkeit gebracht. Bei so kriegerischen und freiheitsliebenden Stämmen wie es die Polen waren, musste man wohl die Waffen gebrauchen, um sie zu zwingen auf ihre Freiheit zu verzichten und den Befehlen eines einzigen Mannes sich zu fügen, ihm sich gänzlich zu unterwerfen. Zu diesem Mittel griff auch

---

[1]) Ueber die Niederlage Hodo's vergl. Thietmarus II., 19.

Mieczysław. Von allen zuverlässigen Quellen meldet uns nur die einzige einheimische Chronik des Martinus Gallus von den Kämpfen des Polenherzogs mit den polnischen Stämmen. Es ist dies auch ganz natürlich. Die deutschen und die anderen fremden Schriftsteller wussten gar nichts von dem, was im Innern Polens vorging, nichts von den Ereignissen, welche nicht durch unmittelbare Berührung Polens mit dem Reiche hervorgerufen waren, welche nicht einige Bedeutung für Deutschland hatten. Sie wussten nur von der Abhängigkeit Polens vom Reiche, von der Einführung des Christenthums im Lande Mieczysław's; sie wussten dies, weil diese Ereignisse die unmittelbare Folge der Kämpfe der Polen mit den Deutschen waren. Aber die Kunde von den staatlichen Einrichtungen, von den innern Umwälzungen unter Mieczysław, von den Kämpfen desselben mit den angrenzenden Stämmen, drang nicht bis zu ihren Ohren. Alles dies blieb ihnen unbekannt. Alles dies konnte aber Gallus wissen, der zwar hundert Jahre nach diesen Ereignissen, jedoch in demselben Lande lebte, in welchem diese Ereignisse geschehen waren, mitten unter dem Volke, bei welchem sie noch genug frisch sich im Gedächtnisse erhalten hatten. Es soll uns aber auch nicht wundern, dass die anderen polnischen Quellen nichts über die erwähnten Kämpfe berichten. Fast alle diese Quellen wurden erst später verfasst. Freilich hat das nichts zu bedeuten, wenn man erwägt, dass alle späteren Schriftsteller den Gallus wohl hatten lesen und, auf seine Chronik gestützt, ihre Werke verfassen müssen. Man muss aber auch wieder bedenken, dass die späteren Schriftsteller die von mir angeführte Stelle des Gallus oft nicht gut verstanden, ihre Bedeutung, ihre Wichtigkeit nicht zu würdigen wussten und sie geringschätzend ausser Acht liessen. Vor dem überaus wichtigen Ereignisse der Einführung des Christenthums verschwanden alle anderen Ereignisse vor den Blicken der kurzsichtigen Compilatoren und tendenziösen Pragmatiker. Diese fanden es nicht der Mühe werth, anderer Ereignisse nur mit wenigen Worten zu gedenken, ja sie sahen dies sogar für eine Entweihung der göttlichen Geschichtschreibung an. Sie befolgten den Grundsatz des Adam von Bremen: „Inutile est acta non credentium scrutari."

Wäre Martinus Gallus nicht, wir wüssten gar nichts von den Kämpfen Mieczysław's mit den polnischen Stämmen. Freilich wissen wir bei der Wortkargheit des Gallus auch jetzt nicht viel von diesen Kämpfen. Immerhin wissen wir aber, dass dieselben vor sich gegangen sind, sowie auch, dass sie lange Zeit hindurch dauern mussten und dass der Sieg nicht immer, wenigstens anfangs nicht auf der Seite des polnischen Herzogs war. Zu dieser letzten Vermuthung führt uns der Ausdruck „atemptare". Hätte Mieczysław gleich anfangs glänzende Siege davongetragen, so hätte Gallus sicher nicht einen so vagen Ausdruck wie „atemptare" gebraucht. So aber müssen wir annehmen, dass Mieczysław lange Zeit hindurch nicht sehr glücklich in diesen Kämpfen war, bis er doch zuletzt, sei es durch Waffengewalt oder durch diplomatische Kunstgriffe, aus denselben als Sieger hervorging. Anderer Meinung ist Szujski. Er sagt: „Gallus na samym początku jego (Mieczysława) panowania przypisuje mu walki i zwyciężtwa." [1]) Ich weiss aber nicht was ihn zu dieser Auffassung berechtigt haben konnte. [2]) „Atemptare" lässt sich ja doch

---

[1]) Dzieje Polski I., str. 52. „Gallus behauptet, dass er am Anfang seiner Regierung Kämpfe geführt und Siege erfochten hat."

[2]) Man wird vielleicht sich verleitet sehen in „atemptare" einen Grund mehr zu sehen, diese Stelle auf die Kämpfe Mieczysław's mit den Deutschen zu beziehen. Man wird augenscheinlich mit Recht behaupten, Gallus habe hier den vagen Ausdruck „atemptare" „bekriegen" gesetzt, weil er den Ausdruck „unterworfen zu werden", nicht setzen wollte, und den Ausdruck „besiegen" nicht setzen

nicht durch „siegen" übersetzen, da es bekanntlich „angreifen, anfechten" heisst. Es scheint also, dass Szujski sehr oberflächlich und nachlässig diese Stelle des Gallus gelesen hat. Uebrigens bin ich fast verleitet, diese Ungenauigkeit dem Szujski zu verzeihen, wenn ich berücksichtige, dass er doch wenigstens diese Stelle des Gallus erwähnt. Freilich geht er über die blosse Erwähnung nicht hinaus, versucht gar nicht die Stelle zu erklären, ja gesteht geradezu, er wisse nicht was für Kämpfe Gallus hier meint, jedoch ist es immer seinestheils ein nicht zu unterschätzendes Verdienst auf diese Stelle aufmerksam gemacht zu haben, umsoweniger ein nicht zu unterschätzendes Verdienst, als ausser ihm und Lelewel (II., S. 13) kein anderer Geschichtsforscher diese Stelle beachtet hat und sie auch der Letzte nur flüchtig erwähnt. [1]) Er scheint sie nicht ganz verstanden oder wenig-

---

konnte, ohne gegen die Wahrheit zu verstossen. Wenn man aber die von mir früher angeführten Gegengründe zur Kenntniss nimmt, wird man sich bald gezwungen sehen, von obiger Behauptung abzustehen. Man wird dies um so eher thun müssen, als man berücksichtigen wird, dass Mieczysław doch zuletzt aus den Kämpfen mit den Deutschen als Sieger hervorgegangen ist und dass Gallus wenn er von diesen Kämpfen geschrieben haben würde, diesen Sieg der polnischen Waffen nicht verschwiegen hätte. Freilich hätte er dann auch als gewissenhafter Geschichtsschreiber (und das war Gallus) von den Niederlagen, die Mieczysław in diesen Kämpfen erlitten hatte, schreiben müssen, dann wäre er aber gezwungen gewesen, weitläufig diese Partie der polnischen Geschichte zu behandeln. Das wollte er nicht. Er sagt ja ausdrücklich in seiner Vorrede, dass er die Geschichte Bolesław's III. schreiben will und die frühere Geschichte insoferne berühren wird, als dies zum Verständniss der Geschichte Bolesław's III. nothwendig sein wird.

[1]) Lelewel sagt nämlich: „Z różnych zdobyczy przodków swoich posiadał on (Mieczysław) roku 960 władzę nad wielą narodków, a niespokojne postronne począł przycierać." In Folge verschiedener Eroberungen seiner Ahnen führte er im Jahre 960 die Herrschaft über

stens kein grosses Gewicht auf sie gelegt zu haben. Und doch zu welch bedeutenden Schlüssen führt uns die Kenntniss, das richtige Verständniss dieser Stelle!

Sie wirft ein ganz neues Licht auf die Entstehung, die Staatsbildung, die Geschichte Polens!

---

viele Stämme und fing an die unruhigen Nachbarstämme zu bekriegen." Man weiss nun nicht was für Stämme Lelewel unter diesen unruhigen Nachbarstämmen verstanden hat. Sind das Elbslaven, Rothrussen, Böhmen, Mähren, Kleinpolen oder vielleicht gar Dänen, die oft, wie man uns vermeldet, verheerende Einfälle in slavische Länder machten? Ferner hat der berühmte Geschichtsforscher die Bedeutung dieser Kämpfe gar nicht hervorgehoben. Im Gegentheil, er schwächt sie dadurch, dass er von den Eroberungen der Vorfahren Mieczysław's spricht und denselben ein grosses Reich von seinen Ahnen erben lässt. Ueberhaupt lässt diese ganze Stelle an Präcisität und Klarheit viel zu wünschen übrig. Eine Behauptung aber, die nicht klar aufgestellt und bewiesen ist, hat für die Geschichtsforschung gar keinen Werth. Blosse Andeutungen bringen uns nicht weiter. Szujski ist demnach in seinem vollen Rechte, wenn er, trotzdem er diese Stelle Lelewel's gelesen hat, sich die Frage stellt, was für Stämme es waren, mit denen Mieczysław beim Antritte seiner Regierung gekämpft hat. Da nun auch dieser Geschichtsforscher die Frage unbeantwortet gelassen hat, so glaube ich, dass meine Beilage nicht überflüssig ist.

Dritte Beilage.

Ueber den Kampf Mieczysław's mit Gero.

Ueber die Ereignisse vom Jahre 963 geben uns nur die von mir in den Anmerkungen (S. 25 und 26) angeführten Stellen aus Widukind und Thietmar einigen Aufschluss. Diese beiden Stellen sind aber von den Geschichtsforschern sehr verschieden aufgefasst und somit auch die Ereignisse von 963 sehr verschieden dargestellt worden. Roepell (I., S. 94) erzählt dieselben wortgetreu nach Widukind. In seiner Beilage „Der erste Kampf Mieczysław's mit dem Grafen Wichmann", leugnet er jede Verständigung Wichmann's mit Gero, erklärt dieselbe für eine nichtige, auf keinem triftigen Grunde basirte Hypothese und meint, man solle nur, ohne sich auf weitläufige Combinationen einzulassen, die Stelle Widukind's einfach ausschreiben. Derselben Ansicht scheint auch Zeissberg zu sein. Was mich anbelangt, so habe ich die Genauigkeit der Bequemlichkeit vorgezogen. Ich habe die erwähnten Stellen eingehend analysirt und bin zu dem Schlusse gelangt, dass Wichmann im Einverständnisse mit Gero und nach vorangegangenen Unterhandlungen mit dem Markgrafen, den Polenherzog angegriffen hat. Folgender Umstand veranlasst, ja zwingt mich sogar, diese Behauptung aufzustellen. Wie es aus meiner bisherigen quellengetreuen und mit allen anderen Geschichtswerken übereinstimmenden Lebensbeschreibung Wichmann's deutlich erhellt, strebte der ehrgeizige Jüngling nach einer hervorragenden Stellung im Reiche und da ihm selbe weder der Kaiser, noch Hermann, noch Gero zu verschaffen gedachten, so wandte er seinen ganzen Zorn gegen diese und suchte mit unermüdlichem Eifer ihnen auf jedem Schritte Kummer und Schaden zu bereiten. Durch sein Bündniss mit den Slaven wurde er dem Reiche sehr gefährlich, indem er diese Barbarenvölker zu häufigen verheerenden Einfällen in Deutschland bewog.

Auf einmal — im Jahre 963 — erblicken wir den Grafen gänzlich umgewandelt. Wenn nicht seinen Charakter, so hat er doch sein Benehmen gegenüber dem Reiche, seine Politik gänzlich verändert. Gezwungen den Hof Gero's zu verlassen, an welchem er in Sicherheit verbleiben zu können glaubte, geht Wichmann auch diesmal, wie gewöhnlich zu den Slaven, stellt sich an ihre Spitze und greift — nicht, wie man meinen sollte, seinen Oheim oder den Markgrafen, sondern — den gefährlichen Nachbarn und Feind Gero's und des Reichs, den Polenherzog Mieczysław an. Er besiegt denselben und leistet dadurch einen bedeutenden Dienst dem Markgrafen, dem Herzog von Sachsen und dem Kaiser.[1] Was konnte ihn nun zu dieser raschen Veränderung der Politik, zu dieser Inconsequenz des Benehmens bewogen haben?[2]

---

[1] Schon Dönniges (Jahrb. d. deut. Reichs I., S., 109) hat eingesehen, dass es Gero, der die östliche Mark gegen die Slaven zu vertheidigen hatte, angenehm sein musste, wenn Wichmann die Polen angriff.

[2] Dass aus diesen Kämpfen nicht Wichmann, sondern Gero Vortheil zog, ist bereits dem L. Giesebrecht (I., 187) und Zeissberg aufgefallen, welcher letztere dies „wunderbar" findet, es aber gar

Hatte er plötzlich auf sein Interesse vergessen, seinen masslosen Ehrgeiz unterdrückt? Sind denn die tobenden Leidenschaften aus dem Herzen des feurigen, ungestümen Jünglings durch aufopfernde Selbstverleugnung und seltenen Edelmuth so plötzlich verdrängt worden? Wollte denn der unverbesserliche Sünder, durch Gewissensbisse gepeinigt, seinen Wandel aufgeben und von nun an Gutes nur des Guten willen stiften? Das wird ein Menschenkenner nicht zugeben können, besonders bei Wichmann nicht, wenn er erfährt, dass der sächsische Graf, bald nach den Ereignissen von 963 seine früheren verrätherischen Pläne wieder verfolgt hat. Es bleibt mir also nichts übrig als anzunehmen, dass Wichmann bei seinem Verhalten während der Ereignisse von 963, sich gar keine Inconsequenz zu Schulden kommen liess, sondern im Gegentheil mit grosser Consequenz seine Pläne weiter verfolgte und in seinem eigenen Interesse handelte, dass er mit einem Worte durch Gero bewogen wurde, nachdem dieser ihm glänzende Versprechungen gemacht hatte, den Polenherzog anzugreifen. Es frägt sich nun allerdings, warum uns Widukind nichts von dem genialen Feldzugsplane Gero's und von der Mitwirkung Wichmann's bei der Ausführung dieses Planes berichtet, sondern nur erwähnt, Gero habe den Wichmann von sich entlassen, weil er ihn schuldig fand und des furchtbaren Eides gedachte. Nichts leichteres

---

nicht versucht, das Wunder zu erklären und die Annahme einer Verständigung Wichmann's mit Gero gänzlich verwirft. Er sagt S. 42: „Zwei Ereignisse, wie Wichmann's Angriff auf Misaco und Gero's Angriff auf die Lausizer, können auch ohne wechselseitige Verständigung conniviren!" Freilich können sie es. Was ist aber wahrscheinlicher, was liegt mehr auf der Hand, was hat sogar auf eine geschichtliche Thatsache mehr Anspruch? Offenbar die wechselseitige Verständigung. Diese Verständigung lässt sich aber auch leicht und klar als eine geschichtliche Thatsache beweisen, sie ist es also wirklich, wie man dies gleich einsehen wird.

als den Grund Widukind's Schweigen zu erfahren. Widukind wusste nichts von diesen Verhandlungen und konnte auch nichts davon wissen. Zwischen Gero und Wichmann wurde wahrscheinlich ausgemacht, dass die unter ihnen gepflogenen Verhandlungen, bis sie sich nicht verwirklicht haben werden, ein tiefes Geheimniss bleiben sollten, weil man sonst Gefahr liefe, dass der Feldzugsplan den Feinden verrathen werde und so dessen Ausführung scheitern konnte, und weil ferner, im Falle dass der Plan misslingen sollte — und dabei dachte Gero vor allem an sich — man wenigstens vor den Augen der Welt nicht compromittirt würde. Beide kamen nun überein, dass Gero sein Mitleid für den schuldigen und in Gefahr schwebenden Verwandten als Grund der Entlassung desselben vorschützen wird. Dieser Grund war um so mehr zu einem Vorwand geeignet, da er ein wirklich sehr triftiger war. Es bewog aber den Gero noch ein anderer wichtiger Umstand, überall den erwähnten Grund öffentlich vorzuschützen, und zwar der Umstand, dass er nie ernstlich daran gedacht hat, die dem Grafen Wichmann gegebenen Versprechungen wirklich einzuhalten, und desshalb sich auch wohl hütete, je die leiseste Anspielung auf die Verhandlungen mit dem ehrgeizigen Grafen zu machen. Wichmann, als er sich von dem Markgrafen geprellt sah, mochte wohl, jede Rücksicht ausser Acht lassend, seinen früheren Verbündeten ganz offen der Treulosigkeit, des Wortbruchs anklagen und seiner Klage durch die umständliche Erzählung jener Verhandlungen gehöriges Gewicht geben; aber wer mochte ihm wohl auch Glauben schenken? Obgleich nun sein Benehmen im Jahre 963 für ihn sprach, zog man es doch vor, seine Klage für eine Lüge, eine Verleumdung oder auch eine List zu halten, durch welche er das so lange Zeit hindurch Angestrebte endlich einmal erreichen wollte, als zu glauben, er, der rebellische Abenteurer hätte einmal aus gutem Willen dem Reiche einen nützlichen Dienst erwiesen; denn die Zeitgenossen sind eher geneigt eine schlechte als eine gute Meinung von Einem zu haben. Daraus geht nun deutlich hervor, dass Widukind den wahren Grund der Entlassung Wichmann's nicht auf einem gewöhnlichen Wege, d. i. sei es durch einen Berichterstatter oder aus einem Documente, erfahren konnte. Er hätte diesen Grund wohl aus dem Benehmen Wichmann's im Jahre 963 — dem sprechendsten Beweise — ersehen haben sollen, aber wer wird solche Ansprüche an einen Widukind stellen können, der nur ganz gewissenhaft und wortgetreu aufzeichnete, was er von Augenzeugen vernommen oder in älteren Jahrbüchern und Chroniken gefunden hatte.

Ich kann nicht umhin noch eines Umstandes zu gedenken, welcher als Beweis für die Richtigkeit meiner Darstellung dienen soll. In der angeführten Stelle Widukind's heisst es, dass die Slaven Wichmann mit Freude „libenter" aufgenommen hatten. Nun wirft sich uns die Frage auf, warum die Ankunft Wichmann's die Slaven so sehr erfreut hat? Wenn ich das „a quibus eum assumpsit" mit Dönniges (Jahrbücher des deutschen Reichs I., 3., S. 109), mit „von welchen er zu ihm gekommen war" übersetze, kann ich dann auch sehr leicht das „libenter" erklären, indem ich annehme, die Slaven hatten den Grafen Wichmann nur sehr ungern ziehen lassen und nachdem sie seiner Rückkunft mit Ungeduld geharrt hatten, freuten sie sich, dass er endlich zu ihnen gekommen sei und ihnen wieder in manchem Unternehmen, besonders im Kampfe mit Deutschland, mit Rath und That beistehen werde. Da aber Roepell bereits nachgewiesen hat, dass eine solche Uebersetzung und Auffassung der betreffenden Stelle nicht zulässig ist, so fällt auch diese Annahme zusammen.

Wenn ich aber den Text ganz wortgetreu übersetze und ihn auch so auffasse, so bleibt mir nichts übrig als anzunehmen, dass Wichmann, als er zu den Slaven zurückgekehrt war, denselben die Furcht, er sei wieder mit rebellischen Absichten gegen das Reich zu ihnen gekommen und werde ihnen noch einen Krieg mit Deutschland an den Hals schaffen, vertrieb, indem er sie versicherte, dass er das Vertrauen seines Kaisers bereits gewonnen habe und ihnen als Beweis den Feldzugsplan Gero's mittheilte, mit der Aufforderung, ihre Hilfe zu dem Unternehmen nicht zu versagen. Darüber nun freuten sich auch die Slaven.

W. Giesebrecht scheint „libenter" dadurch erklären zu wollen, dass er annimmt, die Wenden wären damals in einen Krieg mit den Polen verwickelt gewesen und ihnen daher die Ankunft eines so bewährten Führers wie es Wichmann war, sehr angenehm werden musste. Ich weiss nicht was den berühmten Geschichtsforscher zu dieser Annahme bewogen haben mochte. Nirgends habe ich auch nur die leiseste Erwähnung von Kämpfen der Polen mit den Lutizen, Pommern oder anderen Stämmen der Elbslaven vor dem Jahr 963 in den Quellen gefunden.

Nun noch einige Worte über den slavischen Stamm, an dessen Spitze Wichmann die beiden Siege erfochten hat. Roepell behauptet, nachdem er die Ansicht des Gelehrten Dönniges, die Verbündeten Wichmann's seien Dänen gewesen, mit Erfolg bestritten hat, sie müssen entweder dem Stamme der Pommern oder dem der Lutizen angehört haben. Aber könnte man denn nicht mit vollständiger oder doch wenigstens mit sehr wahrscheinlicher Bestimmtheit angeben, welche von diesen beiden Stämmen eigentlich die Verbündeten Wichmann's gewesen sind. Ich glaube ja. Wenn wir nämlich berücksichtigen, dass Wichmann fasst ausschliesslich Bündnisse mit den dem Lutizenvolke angehörigen Stämmen einging, dass er bald nach dem berühmten Feldzug von 963, im Jahre 967, an der Spitze der Vuloiner, Woliner (einem Stamme der Lutizen) den zweiten Angriff gegen Polen führte, dass endlich die

Polen seit dem Jahre 963 als unversöhnliche Feinde der
Lutizen auftreten; wenn wir Alles dies berücksichtigen, fühlen
wir uns bewogen anzunehmen, die Bundesgenossen Wichmann's
wären keine anderen als die Lutizen [1]) gewesen.
Und nun sei es mir erlaubt diese Kritik mit der Angabe
der Darstellungsweisen berühmter Geschichtsforscher zu schliessen.
Ueber Roepell habe ich bereits gesprochen. Szujski (I.,
52) deutet nur` an, dass Wichmann und Gero im Einverständnisse
waren, ohne seine Ansicht durch eine gründliche,
auf Quellen beruhende Beweisführung zu unterstützen. Wahrscheinlich
erlaubten ihm die Anlage und der Zweck seines
Werkes nicht hier weitläufig zu sein. Weniger begreiflich ist
es, dass auch Szajnocha (str. 14) die Rolle, welche Wichmann
in dem ersten Zusammenstosse Polens mit Deutschland gespielt
hat, nur andeutet. Sein Werk hat doch Anspruch
auf eine erschöpfende Behandlung des Gegenstandes. Giesebrecht
(I. 460) skizzirt mit wenigen Worten dieses wichtige
Ereigniss. Trotz der Kürze seiner Erzählung, kann man doch
aus dieser entnehmen, dass er die Ansicht Roepell's theilt.
Bielowski (I., 519) vertagt dieses Ereigniss, indem er [2]) sich
auf eine Stelle Flodoard's stützt, in das Jahre 958, und
lässt den Kaiser und den böhmischen Herzog an diesem

---

[1]) Šafařík. Okr. II., Čl. X. 6, p. 596. — Die Behauptung
Thietmar's (IV., c. 9.), dass die Lutizen immer die Bundesgenossen
der Böhmen waren, kann man hier mit ruhigem Gewissen unberücksichtigt
lassen. Thietmar spricht hier im Allgemeinen. Wenn
nun ein kleiner Stamm der Lutizen, wie ein solcher die Vuloiner
waren, gegen die Böhmen kämpften, weil diese die Bundesgenossen
ihrer Gegner der Polen waren, so war dies nur ein Ausnahmsfall,
der die Regel nicht umstürzen konnte, und desshalb mochte auch
Thietmar immerhin mit Recht behaupten, dass die Lutizen die
treuen Bundesgenossen der Böhmen sind.

[2]) 955. Hungari cum immensis copiis et ingenti multitudine
Bavariam ingrediuntur, volentes venire in Franciam. Contra quos

Feldzuge Theil nehmen. Dem Mieczysław lässt er den Bruder desselben, Cydebur, der über Kleinpolen geherrscht haben soll, zu Hilfe kommen. Hier wird wieder unser Gelehrte durch die unglückselige Hypothesensucht auf irrige Wege geleitet. Nicht minder unglücklich ist L. Giesebrecht in der Behandlung der Ereignisse vom Jahre 963. Er sagt (I., S. 187): „Wichmann besiegte die Polen in mehreren (!) Schlachten, besiegte ihren Fürsten Miesco zweimal, tödtete dessen Bruder und machte grosse Beute." Also mehrere Mal und noch dazu „zweimal". Bei dem „zweimal" hat L. Giesebrecht wohl an die Kämpfe von 968 und 967 gedacht. Von dem Angriffe Gero's weiss er gar nichts und meint (S. 188), dass die Unterwerfung Polens „ohne Krieg" stattgefunden hat.

Otto rex cum Burislao Sarmatorum principe et Chonrado, iam sibi pacificato, pugnavit, et eosdem Hungaros interimens, cunctos pene delevit . . . Post hoc bellum pugnavit rex Otto cum duobus Sarmatorum regibus et suffragante sibi Burislao rege, quem dudum sibi subdiderat, victoria potitus est. — Flodoardus. — Die zwei Fürsten sind selbstverständlich Stoinef und Nacco.

Vierte Beilage.

Ueber die Art der Abhängigkeit Polens vom Reich.

Der dunkelste, zugleich aber der interessanteste Punkt in der Geschichte Mieczysław's ist dessen Verhältniss zum deutschen Reiche. Gerade über diesen Punkt lassen uns die Quellen äusserst spärliche und grösstentheils sehr verworrene Nachrichten zukommen und gerade diesen Punkt behandeln alle neueren Geschichtschreiber am weitläufigsten. Trotzdem ist man noch zu keinem völlig befriedigenden Resultate gelangt und das Verhältniss des ersten Polenherzogs zum deutschen Reiche ist meines Wissens bis auf den heutigen Tag nicht ganz klar festgestellt worden.

Die Hauptursache dieser Erscheinung scheint mir in zwei Dingen zu wurzeln, nämlich: 1. in der Tendenz und 2. in dem Unvermögen, die scheinbare Abhängigkeit von der wirklichen oder mit anderen Worten, die Forderungen, welche der Kaiser von Deutschland an den polnischen Fürsten und sein Land zu stellen berechtigt war, von der wirklichen Ausübung dieses Rechtes zu unterscheiden. Diesen Fehler begehen nicht nur die mittelalterlichen, sondern auch die neuesten Schriftsteller. Besonders ist der letzte der beiden angeführten Fehler oft sehr schwer zu vermeiden, da er sehr wenig in die Augen fällt. Man kann ihn auf zweierlei Art begehen. Ich erkläre mich. Diejenigen Forscher, welche sich auf einen gleichsam juridischen Standpunkt gestellt und die Ansprüche und Rechte des Kaisers auf Polen erkannt hatten, vermochten nicht bei dieser Behauptung allein zu verbleiben, sondern gingen weiter und schlossen von dem Vorhandensein der Ansprüche und Rechte auf deren wirkliche, mehr oder minder vollständige Ausübung, von der rechtlichen Abhängigkeit auf die thatsächliche. Die Gegner dieser Forscher, welche sich auf einen rein historischen Standpunkt gestellt und nur das Factum, nur die thatsächliche politische Abhängigkeit berücksichtigt hatten, verwarfen die letztere, wie es auch recht und billig ist, leugneten aber zugleich, da sie die Erfüllung der Ansprüche und Rechte, von denen ihre Gegner sprachen, nirgends begründet fanden, diese Ansprüche und Rechte selbst. Ihr Irrthum war nicht minder gross, als der ihrer Gegner.

Angesichts des Stadiums, in welchem diese so wichtige Abhängigkeitsfrage jetzt sich befindet, zerfällt meine Aufgabe in zwei Theile: 1. die Scheidung der Rechte von deren Ausübung, der scheinbaren politischen Abhängigkeit von der thatsächlichen; 2. die Bestimmung der Art dieser thatsächlichen Abhängigkeit. Ich werde mich bemühen meine Ansichten durch Quellenbelege zu unterstützen, kann jedoch nicht umhin, mich eingehender mit den Abhandlungen Zeissberg's (Miseco I) und Szajnocha's (Bolesław Chrobry), insbesondere aber des ersteren, zu beschäftigen. Beide Forscher mit grossem Scharfsinn ausgestattet, haben sie mit fast gleicher Gewissenhaftigkeit die Frage der Abhängigkeit Polens von Deutschland behandelt. Doch da sie von ganz verschiedenen Standpunkten ausgegangen waren, mussten sie nothwendigerweise zu ganz verschiedenen, ja geradezu entgegengesetzten Resultaten gelangen. Die zwei verschiedenen Standpunkte habe ich bereits erwähnt. Auf dem ersten, dem juridischen, steht Zeissberg, auf dem zweiten, dem rein geschichtlichen, steht Szajnocha. Obgleich nun die Ansichten dieser Gelehrten ganz entgegengesetzt sind, so braucht man doch nicht vieles an jeder dieser Ansichten zu modificiren, um sie ganz gleich, ganz identisch zu machen, um sie in eine einzige richtige Ansicht zu vereinigen. Was für Modificationen hier vorzunehmen wären, wird man später ersehen.

Dies vorausgeschickt, schreite ich jetzt zur Quellenanalyse, indem ich hiebei ausdrücklich bemerke, dass ich, was das Ergebniss meiner Arboit anbelangt, nicht den geringsten Anspruch auf Unfehlbarkeit erhebe.

Wir richten unsere Aufmerksamkeit vor Allem auf Widukind, da er als Zeitgenosse, in Hinsicht auf Glaubwürdigkeit, unstreitig den ersten Platz einnimmt. Zuerst fällt uns besonders der Umstand auf, dass Widukind dem Mieczysław den Titel König (III. 66. — Vgl. S. 25) beilegt. Denselben Titel legt unser Chronist auch dem Böhmenherzog bei. Daraus zieht nun Zeissberg den Schluss, dass man auf den Titel gar kein Gewicht legen darf, da Widukind „denselben Titel dem gewiss vom Reiche abhängigen böhmischen Herzoge Bolesław beilegt" (p. 66), während Palacky (I. p. 223) behauptet, dass Widukind durch Beilegung des Königstitels dem böhmischen Herzoge, das grosse Ansehen, dessen dieser sich auch im deutschen Reiche erfreut hat, bezeichnen will. Ich meinestheils will nur, ohne das Verhältniss des Böhmenherzogs zum deutschen Reiche in Betracht zu ziehen, bemerken, dass es zu gewagt wäre aus der Beilegung dieses Titels allein die Unabhängigkeit des böhmischen oder polnischen Herzogs zu folgern, und zwar aus dem einfachen Grunde, weil dann Jemand mit Recht den Einwurf machen könnte, Widukind habe diesen Titel den beiden Herzogen beigelegt um den Triumph der Deutschen in den Augen der Nachwelt zu erhöhen. Der Königstitel hat also an und für sich für mich gar keine Bedeutung. Er gewinnt aber eine solche in hohem Grade, wenn ich mit ihm die beiden Stellen Widukind's (III. 69) verbinde, wo in der ersten Mieczysław „Freund des Kaisers", in der zweiten der Kaiser „Freund Mieczysław's" genannt wird. Dieser Umstand beweist am deutlichsten, dass Widukind, als er seine sächsische Geschichte schrieb, nicht die leiseste Ahnung von einer thatsächlichen Abhängigkeit des Polenherzogs von dem deutschen Reiche hatte; denn hätte er durch das Wort „amicus" eine untergeordnete Stelle bezeichnen wollen, so wäre seiner Aussage gemäss auch der Kaiser dem Mieczysław untergeordnet, eine Behauptung, welche gerechte Zweifel an der Geistesgegenwart dieses Schriftstellers in uns erwecken müsste. Anderer Meinung ist Zeissberg. Er bemüht sich in seinem von mir erwähnten Werke nachzuweisen, dass der Ausdruck „amicus" ein Abhängigkeitsverhältniss bezeichne. Er interpretirt diesen Ausdruck folgendermassen: „Der Schriftsteller, der Otto nach dem Siege über die Ungarn als Imperator begrüssen lässt, von Legionen und von der ausserchristlichen Welt als Barbaren spricht, hat auch hier den klassischen Sprachgebrauch sich eigen gemacht, der mit des Kaisers amici sein Gefolge, also ein Abhängigkeits-Verhältniss bezeichnet." Als Entgegnung dieser Interpretation kann ich nur meine frühere Behauptung wiederholen, indem ich noch hinzufüge, dass ich selbst in der Bemerkung Zeissberg's: „dass an der zweiten Stelle der imperator selbst amicus Mieczysław's heisst, verschlägt nichts", noch keinen triftigen Grund sehe von dieser Behauptung abzustehen.

Nun will ich noch eine Stelle aus Widukind anführen und das nur deshalb, weil sich Zeissberg auf sie berufen hat. Sie lautet: „Hic licet in ultima necessitate sit constitutus, non immemor pristinae nobilitatis ac virtutis, dedignatus est, talibus manem dare; petit tamen, ut Missaco do eo adnuncient, illi velle arma deponere, illi manum dare (III. p. 69)." Aus dieser Stelle zieht Zeissberg folgenden Schluss: „Dadurch (nämlich durch die Abhängigkeit Mieczysław's von Otto) erklärt sich dann ferner, dass Wichmann, eingedenk seines alten Adels sich weigert, ihnen (nämlich den polnischen Anführern) die Waffen zu übergeben. Nur Miseco ist gleich ihm Vasal des Kaisers, nicht sie, die vielmehr um eine Stufe niedriger stehen." Ohne die Richtigkeit dieser jedenfalls sehr scharfsinnigen Interpretation in Frage stellen zu wollen, erlaube ich mir nur zu bemerken, dass ich mit gleichem Rechte behaupten könnte, Wichmann, der überaus stolze Verwandte Otto's, wollte nur dem kaiserlichen Bundesgenossen, der als unabhängiger Herrscher Otto gleichgestellt war, seine Waffen abgeben, nicht aber den polnischen Anführern, die gleich ihm nur Vasallen waren. Wer von uns beiden hat Recht? Eine Antwort auf diese Frage scheint mir unmöglich, schon aus dem Grunde, weil beide Interpretationen rein subjectiver Natur sind und durch keine genügenden Gründe als richtig bewiesen werden können. Deshalb scheint es mir am rathsamsten auf eine Interpretation dieser Stelle gänzlich zu verzichten, zumal da man trotz aller Mühe nicht im Stande sein wird, in ihr einen Beleg für oder gegen die Abhängigkeit Polens von Deutschland zu finden.

Das Ergebniss der Betrachtung Widukind's ist also, dass dieser Schriftsteller nichts von einem untergeordneten Verhältnisse Mieczysław's zum Kaiser, dass er weder von Ansprüchen oder Rechten des Letzteren auf dessen Land, noch von einer thatsächlichen Abhängigkeit Polens vom deutschen Reiche weiss.

Es ist wohl zu bemerken, dass Widukind der einzige Zeitgenosse ist, der uns etwas von Mieczysław berichtet. Thietmar, der am Anfange des folgenden Jahrhundertes seine Geschichte schrieb, weiss schon viel mehr von dem Verhältnisse Mieczysław's zum deutschen Reiche zu sagen. Er weiss bereits, dass Mieczysław für die Länder bis zur Warte (II. 19) einen Tribut zahlte, dass er es nicht wagte vor dem Markgrafen Hodo im Pelze zu erscheinen, oder sitzen zu bleiben, wenn jener aufstand. „Vivente egregio Hodone pater istius (des Bolesław) Miseco domum, qua cum esse sciebat, crusinatus intrare, vel eo assurgente nunquam presumpsit sedere". (V. 6).

Er weiss ferner, dass Mieczysław „fidelis" des Kaisers ist. Vergleicht man nun die Nachrichten Widukind's mit jenen Thietmar's, so gelangt man zu dem allerdings merkwürdigen Resultate, dass, während Widukind, der Zeitgenosse, mit grosser Achtung und Ehrerbietung von Mieczysław spricht, Thietmar in einer bei weitem herberen Weise sich über den Polenherzog ausdrückt, dass ferner, während Widukind ihn für einen unabhängigen Herrscher ansieht, Thietmar ihn sogar den Vasallen des Reiches unterordnet. Befremdend ist allerdings hier die Ansicht Thietmar's, nicht aber der Umstand, dass er eine solche aufstellt.

Vielmehr ist das Letztere sehr natürlich und sehr begreiflich. Man darf nämlich nicht vergessen, dass Thietmar zu einer Zeit seine Chronik schrieb, in welcher eben ein blutiger Krieg mit Polen geführt wurde, der nicht sehr glücklich für Deutschland auslief.[1]) Man kann sich leicht vorstellen, dass Thietmar unter dem Eindrucke solcher Ereignisse, seine Chronik verfassend unwillkürlich in etwas derber Weise sich über die Polenherzöge ausdrückte. Als Deutscher wünschte er aus ganzem Herzen, dass dieser so bedeutungsvolle Kampf mit der Niederlage, mit der Unterwerfung Polens endige. Das Gegentheil traf ein. Missmuthig wandte sich Thietmar von dem niederdrückenden Bilde der

---

[1]) 1015—1018 letzter Krieg mit Bolesław I.

Gegenwart ab und suchte Ereignisse aus der Vergangenheit in sein Gedächtniss zurückzurufen, Ereignisse, an welche er seine Lieblingsidee, die Idee der Abhängigkeit Polens von Deutschland anknüpfen konnte. Dieser Gemüthszustand unseres Geschichtschreibers zeigt sich am deutlichsten in der von mir oben angeführten Stelle, sowie auch in der folgenden, die sich der ebengenannten anschliesst: „Deus indulgeat imperatori, quod tributarium faciens dominum, ad hoc unquam elevavit, ut oblita sui genitoris regula semper sibi prepositos auderet in subjectionem paulatim detrahere, villisimoque pecunie transeuntis inescatos amo in servitutis libertatisque detrimentum capere." Noch mehr verleitet, ja gezwungen, den Mieczysław in seiner Chronik als Vasallen des Reiches zu schildern, ward Thietmar durch das Streben, den Krieg, welcher eben jetzt mit Polen geführt wurde, als einen gerechten darzustellen.

Wenn man nicht annahm, dass Polen vor fünfzig Jahren ein Vasallenstaat Deutschlands gewesen war, so war ja der Krieg mit Bolesław ein ungerechter Eroberungskrieg; während er nach dieser Annahme als eine gerechte Züchtigung eines übermüthigen, treulosen Empörers erscheinen musste. Dieses vorausgeschickt, betrachten wir eingehender die erwähnten Stellen. Zuerst darf man ja nicht glauben, dass ich durch obige Bemerkungen die Glaubwürdigkeit der Berichte Thietmar's negiren wollte. Diese Absicht lag mir ferne. Wie hätte ich auch behaupten können, Thietmar hätte uns Unwahres berichtet, da ich diese Behauptung zu begründen nicht im Stande wäre.

Wenn ich behauptet hätte, die Nachrichten Thietmar's müssen unwahr sein, da er mehr weiss, als der Zeitgenosse Widukind, so hätte man mir darauf mit Recht erwiedern können, dass Widukind nicht alles geschrieben habe, was er wusste, und dass die Anlage und der Zweck seines Werkes

ihm gar nicht erlaubten sich mit dem Polenherzog mehr zu
boschäftigen. An der Glaubwürdigkeit Thietmar's kann und
will ich nicht zweifeln, jedoch nur so lange, als er mir solche
Nachrichten zukommen lässt, welche mit denen Widukind's
nicht im Widerspruche stehen, und das aus dem Grunde,
weil seit dem ersten Zusammenstoss Polens mit Deutschland,
bis zum Tode Mieczysław's keine Ereignisse eingetreten waren,
welche das Verhältniss Polens zum Reiche hätten wesentlich
ändern können. Um nun zu erfahren in wie ferne die Nachrichten
Thietmar's denen Widukind's widersprechen, muss
man bei denselben vornehmlich zwei Punkte unterscheiden,
und zwar: 1. Die Thatsachen selbst, 2. die Art und Weise,
wie unser Chronist diese Thatsachen darstellt. Nachdem
man diese zwei Punkte ins Auge gefasst hat, wird man
leicht erkennen, dass das rein objective der Nachrichten
Thietmar's, dass die Thatsachen mit denen Widukind's gar
nicht im Widerspruche sind, während im Gegentheil die
subjective Interpretation und Darstellungsweise beim ersteren
ganz willkürlich sind und jeder festeren Grundlage entbehren.
Am deutlichsten beweist dies die Stelle, welche vom
Tribut handelt (II. 19; vgl. S. 27). Die Thatsache, welche
aus dieser Stelle hervorleuchtet, ist:

„Miseconem .... tributum .... usque in Vurta
fluvium solventem." Diese Thatsache widerspricht nicht im
mindesten dem Berichte Widukind's, denn die Tributpflichtigkeit
ist noch kein genügender Beweis für die Abhängigkeit.
Oder wird vielleicht Jemand zu behaupten wagen, dass Tributpflichtigkeit
nothwendig die Abhängigkeit, die Einnahme
einer untergeordneten Stellung dem Reiche gegenüber, welchem
man den Tritbut zahlt, nach sich ziehe? Dann müsste er ja
auch behaupten, dass das deutsche Reich eine Zeit lang eine
zu den Ungarnhorden untergeordnete Stellung eingenommen
habe. Und dies wird doch Niemand behaupten wollen. Nun

kann ich aber mit vollem Rechte die Tributpflichtigkeit Polens mit der Tributpflichtigkeit Deutschlands vergleichen, obgleich diese letztere vertragsmässig auf die Dauer von 9 Jahren beschränkt war. Denn meiner Ansicht nach ändert die Zeit nichts an dem Wesen des Tributs, an dem Tribute als Thatsache. Ein Land, das nur eine bestimmte Zeit einen Tribut zahlt, ist während dieser Zeit dem Lande, welches eine unbestimmte Zeit den Tribut zahlt, vollkommen gleichgestellt. Das Zahlen an und für sich ist bei beiden Ländern gleich, folglich auch das Verhältniss, in welchem diese zu dem Sieger, stehen. Indem ich nun das Wesen der Tributpflichtigkeit ins Auge gefasst habe, konnte ich in derselben nichts finden, wodurch die Autonomie eines Landes oder die Macht eines Fürsten thatsächlich beschränkt werden könnte und bin somit zur Einsicht gelangt, dass die Tributpflichtigkeit keineswegs die thatsächliche politische Abhängigkeit nach sich zieht. Dennoch wird man nicht behaupten können, dass ein tributpflichtiges Land einem Lande, auf welchem eine derartige Verpflichtung nicht lastet, gleichgestellt sei. Worin liegt aber der Unterschied? Doch nicht in dem wirklichen, thatsächlichen Verhältnisse. Nein, denn das tributpflichtige Land kann thatsächlich ebenso unabhängig sein wie das von dieser Verpflichtung ganz freie. Meiner Ansicht nach ist dieser Unterschied in dem rechtlichen Verhältnisse zu suchen, welches Verhältniss, da es dem Mittelalter ganz eigen ist und mit unseren modernen Begriffen sich nicht leicht verträgt, etwas schwer zu begreifen ist. Ich werde mich nun bemühen, so deutlich als es mir nur möglich ist, dieses Verhältniss zu erklären, indem ich sage: der Besiegte berechtigt den Sieger durch die Tributleistung gewisse Forderungen an ihn, den Besiegten zu stellen, wohlgemerkt, Forderungen, also etwas ganz Ideales, damit ist aber noch nicht gesagt, dass diese Forderungen von dem Sieger auch thatsächlich gestellt, oder falls sie gestellt auch factisch von dem Besiegten erfüllt werden, ja die Geschichte zeigt uns geradezu, dass sehr oft die Tributpflichtigkeit, die Aufstellung und Erfüllung dieser Forderungen nicht nach sich zog. Der Tribut gibt nur dem Sieger das Recht solche zu stellen; er ist gleichsam das sichtbare Zeichen dieses Rechtes und nichts anderes. Aber auch dieses Recht ist sehr vag und lässt sich ganz und gar nicht mit Sicherheit bestimmen, da es seinen vollen Ausdruck, seine genaue Begrenzung erst in den thatsächlich aufgestellten und erfüllten Forderungen erhielt, welche Forderungen aber sehr verschiedene, ja in jedem einzelnen Falle andere waren und lediglich nur von der Macht des Siegers und der Schwäche des Besiegten abhingen.

Nun wird, glaube ich, Jeder leicht' einsehen, wie gross die Entfernung, wie ungeheuer der Unterschied zwischen der Tributpflichtigkeit, d. h. der rechtlichen Abhängigkeit und der thatsächlichen Abhängigkeit war. Damit die rechtliche Abhängigkeit in eine thatsächliche hat übergehen können, musste vor allem der Sieger die Forderungen, die er zu stellen berechtigt war, wirklich stellen und dann, was das wichtigste war, musste der Besiegte den Forderungen des Siegers auch thatsächlich vollkommen entsprechen.

Die Tributpflichtigkeit änderte also nichts an dem Verhältnisse Mieczysław's zum deutschen Reiche, da sie nicht im mindesten die thatsächliche Unabhängigkeit Polens beschränkte.[1]) Doch manchem Deutschen mochte damals diese Tributpflichtigkeit von grosser Bedeutung erscheinen, manchem Deutschen mochte

---

¹) Wie viel Mühe und Arbeit hätten sich Schmidt und Kaczkowski erspart, wenn sie nur ein bischen über die Bedeutung der Tributpflichtigkeit nachgedacht hätten.

es scheinen, dass die Polen durch diese Tributpflichtigkeit
ihre Unabhängigkeit eingebüsst und eine untergeordnete Stellung zum deutschen Reiche eingenommen hätten. Die Tributpflichtigkeit schien also den Deutschen die Abhängigkeit zu
sein. Der Schein der Abhängigkeit genügte ihnen. Mieczysław
mochte seinerseits sich glücklich preisen, dass es ihm gelungen
war, auf eine so leichte Weise — nur durch einen Tribut —
sich die thatsächliche Unabhängigkeit gesichert zu haben.
Zu denjenigen, welche den Tribut als Beweis der thatsächlichen Abhängigkeit ansahen und ansehen wollten, gehört auch Thietmar. Diese seine eigenthümliche Ansicht,
ersieht man deutlich aus dem Worte „fidelem", den „Vasallen".
Dass dieses Wort nicht die Thatsache, sondern die subjective
Anschauung des Schriftstellers ausdrückt, beweist hinlänglich
der Umstand, dass „fidelem" mit dem Ausdruck „tributum solventem", dass das Vasallenthum mit der Tributpflichtigkeit in
Verbindung gebracht wird, und zwar auf eine jedenfalls unglückliche und ungeschickte Weise. Die Ansicht Thietmar's theilt auch Šafařik (Okr. II., 43, 6), während
Palacky (Gesch. v. Böhm. I., S. 215, A. 24) und Zeissberg
ganz richtig bemerken, dass die Tributpflichtigkeit
das Vasallenthum ausschliesst. Wenn also Thietmar berichtet, dass Mieczysław für die Länder bis zur Warte
Tribut zahlte, und ich diesen Bericht für eine Thatsache hinstelle, so bin ich gezwungen, den Ausdruck „fidelem", der
dieser Thatsache widerspricht, als eine entweder aus Unkenntniss entsprungene, oder absichtlich hingestellte subjective, irrthümliche Anschauung des Chronisten anzusehen.
Wenn ich aber noch berücksichtige, dass dieser Ausdruck
den glaubwürdigen Widukind Lügen straft, so muss ich ihn
gänzlich verwerfen. Den grössten Unsinn begeht, der sonst
so scharfsinnige Lelewel (II., str. 18), in der auch von
Zeissberg (S. 67, A. 3) angeführten Stelle, in welcher er Widu-

kind's „amicus" mit Thietmar's „fidelis" verbindet. Er sagt:
„Mieczysław był amicus et fidelis imperatoris et imperator
amicus Mieczysława, wiernie mu służącego." „Mieczysław war
amicus und fidelis imperatoris et imperator amicus Mieczysław's,
welcher ihm treu diente." Eine Verbindung der Nachrichten Widukind's und Thietmar's ist überhaupt unstatthaft, und besonders hier, wo sie sich so entschieden
widersprechen, gar nicht zulässig. Denn „amicus" und
„fidelis" kann sich unbedingt nicht vertragen, wie es
auch ganz richtig Ticker in seinem Werke „Vom Reichsfürstenstande" (I., § 181) bemerkt, als er vom venezianischen
Dogen spricht: „ ... dass ... die Reichskanzlei ihn (den
Dogen) nicht als zum Reiche gehörig betrachtet, ergibt sich
schon daraus, dass der Kaiser ihn nicht als fidelis oder
princeps noster, sondern als amicus oder amicissimus noster
bezeichnet." — Wie sehr übrigens Lelewel über die Abhängigkeit Mieczysław's im Unklaren war, ersieht man deutlich aus
seinen widersprechenden Ansichten. Einmal sagt er (II., str.
15): „Najmniejsza podległość była nałożonym, i opłaconym trybutem, roczną daniną przypisaną, zostawującą
wreszcie niepodległe działanie byle sokojności cesarstwa nie
targał." „Die kleinste Abhängigkeit war ein auferlegter und
gezahlter Tribut, eine bestimmte jährliche Abgabe, welche
übrigens ein freies Handeln gestattete, wenn er (der Fürst)
nur nicht die Ruhe des Reiches störte," und einige Zeilen
weiter: „Królik z wiary chrześciańskiej, i wierności
wypróbowanej, niebył już dannikiem . . . . . ale stawał
się . . . . cesarstwa rzymskiego członkiem" „Ein Fürst
christlichen Glaubens und erprobter Treue war nicht Tributpflichtiger, sondern . . . . . wurde . . . . Mitglied des römischen Kaiserreichs", obgleich er behauptet hat (str. 10):
„Mieczysław jako margrabia i komes, był wiernym cesarzowi, i
dań płacącym . . , . . „Mieczysław war als Markgraf,

und comes dem Kaiser treu und zahlte Tribut," das heisst er war tributpflichtig, da doch „dań płacący" dasselbe ist, was „dannik", und doch stellt er ihn (str. 19) den Herzogen gleich.

Die nächste Stelle Thietmar's, auf welche sich fast alle Geschichtsforscher, die die Abhängigkeit Polens vom deutschen Reiche behaupten, stützen und sie als Beweis ihrer Behauptung anführen, ist die oben zweimal angeführte, in welcher Thietmar sagt, dass Mieczysław es nicht wagte, vor dem Markgrafen Hodo im Pelze zu erscheinen oder sitzen zu bleiben, wenn dieser aufstand. — Bei dieser Stelle will ich wieder, wie ich es früher gethan habe, die objective Anführung der Thatsache von der subjectiven Anschauung des Schriftstellers ausscheiden. Die rein objective Thatsache ist, meiner Ansicht nach, die, dass Mieczysław vor dem Markgrafen Hodo nicht im Pelzkragen erschien und vom Sitze sich erhob, wenn dieser aufstand. Anders ist die subjective Anschauung Thietmar's. In dieser einfachen Handlung sieht dieser Schriftsteller einen Beleg mehr für die Abhängigkeit Mieczysław's vom deutschen Reiche, für die untergeordnete Stellung, die er dem Kaiser, ja sogar seinem Vasallen, dem Markgrafen Hodo gegenüber eingenommen haben soll, wie es deutlich aus der Ausdrucksweise: „nunquam presumpsit", ersichtlich ist. Dass hier Thietmar das Factum wieder ganz irrthümlich aufgefasst hat, wird jeder Unbefangene leicht einsehen können. Also weil Mieczysław den Pelz in Gegenwart des Markgrafen nicht anbehielt und nicht sitzen blieb, wenn dieser aufstand, muss er in einer untergeordneten Stellung zu diesem gestanden haben? Weil der Polenherzog den Grundsätzen einer klugen Politik folgend, dem Markgrafen, der in seinen Augen gleichsam der Repräsentant des Kaisers war, mit grösster Ehrerbietung begegnete, so oft es die Umstände erheischten, muss er vom Reiche abhängig

7*

gewesen sein? Denn nur als Zeichen der Ehrerbietung müssen wir das Ablegen des Pelzes und das Aufstehen hinnehmen und keineswegs als eine durch Furcht eingejagte Kriecherei, wie es Thietmar durch die Worte „nunquam presumpsit" zu verstehen gibt, und wie es auch Lelewel (II., str. 18) meint. Doch das ist nicht alles. Merkwürdig! Derselbe Mieczysław, der durch den imposanten und stolzen Markgrafen so eingeschüchtert ist, dass er es nicht wagt vor ihm im Pelze zu erscheinen, oder sitzen zu bleiben, wenn er aufsteht, derselbe Mieczysław benimmt sich wieder gegenüber demselben übermüthigen Hodo so rücksichtslos, dass er es wagt, dem Markgrafen eine Schlacht zu liefern und ihn aufs Haupt zu schlagen. Noch merkwürdiger ist es aber, dass ausser Szajnocha (str. 27) Niemand diesen so augenfälligen Umstand beachtet hat. Im Gegentheil, alle Forscher, selbst der scharfsichtige Lelewel (str. 18) sehen in der Stelle Thietmar's einen Beweis mehr für die Abhängigkeit Mieczysław's vom Reiche und Šafařik (Okr. II. 37, 5) behauptet sogar, immer auf diese Stelle sich stützend, dass Mieczysław von den Deutschen hart bedrückt gewesen sein musste. — Wenn ich die reine Thatsache heraushebe, so sehe ich in dem Verfahren Mieczysław's nur einen Beweis seiner Klugheit und Erfahrung, da er, als er noch nicht den für den Kampf günstigen Augenblick erspäht hatte, sich bemühte, mit dem Reiche im besten Einvernehmen zu bleiben und sogar es nicht scheute zu höflich und zuvorkommend zu sein, besonders da er wusste, dass Stolz und Uebermuth die schwachen Seiten seines Gegners waren. Wie mochte der listige Polenherzog herzlich in die Faust gelacht haben, als er sah, dass seine Gegner, seine Ehrenbezeugungen für die Beweise von Unterthänigkeit nahmen, und — mit diesem Schein der Abhängigkeit vollkommen zufrieden gestellt, — die wirkliche Abhängigkeit Polens vom deutschen Reiche nicht mehr anstrebten. Die Darstellungsweise Thietmar's beweist aber deutlich, dass auch er von diesem Irrthume befangen war, und dass er bemüht war, aus jedem, wenn auch noch so unbedeutenden Ereignisse, welches ein Licht auf das Verhältniss Polens zu Deutschland warf, die Abhängigkeit dieses Landes vom Reiche zu folgern, wobei er sich natürlich nicht scheute die Thatsachen willkürlich zu interpretiren und die Beweise mit grosser Anstrengung bei den Haaren herbeizuziehen. Uebrigens kann ich mir diese Befangenheit und tendenziöse Darstellung eines mittelalterlichen Schriftstellers leicht erklären und auch theilweise entschuldigen, wenn ich bedenke, wie feindselig sich damals Polen und Deutschland gegenüberstanden und wie wenig die Chronisten im Stande waren eine unparteiische Geschichte zu verfassen, zu verstehen und zu fühlen.

Ein augenscheinlich viel sprechenderer Beweis für die politische Abhängigkeit Polens als die erwähnte Ansicht Thietmar's, ist eine Stelle der An. Hild. a. a. 992, die folgendermassen lautet: „Otto rex cum valida suorum manu iterum Brennanburg adiit, venit ad eum Heinricus dux Boiariorum et Bolizlao Boemanorum princeps, cum ingenti multitudine in auxilium regi. Bolizlao vero, Misachonis filius, per seipsum ad dominum regem venire nequaquam valens — imminebat quippe illi grande contra Ruscianos bellum — suos sibi satis fideliter milites in ministerium regis direxerat." Die Hilfeleistung Bolesław's sehen Roepell und Zeissberg für die Erfüllung einer vom Kaiser, dem Oberherrn auferlegten Verpflichtung an. Im ersten Augenblick ist man auch wirklich geneigt dieser Ansicht beizupflichten, denn da es feststeht, dass der Kaiser durch die Tributleistung des polnischen Herzogs berechtigt war an denselben Forderungen zu stellen, so glaubt man mit vollem Rechte behaupten zu können, die erwähnte Hilfeleistung sei die Erfüllung einer derartigen Verpflichtung. Doch wenn man berücksichtigt, dass auch das deutsche Reich dem polnischen Herzoge Heeresabtheilungen zu Hilfe geschickt hat, z. B. in dessen Kriege mit dem Herzog von Böhmen, so sieht man sich genöthigt zu behaupten, Bolesław's I. Hilfeleistung, von der die An. Hild. sprechen, sei, trotzdem der Kaiser berechtigt war, dieselbe zu beanspruchen, nicht die Erfüllung einer derartigen Forderung, sondern vielmehr die Erfüllung von Verpflichtungen, welche aus einem zwischen Polen und Deutschland ganz freiwillig abgeschlossenen Bündnisse hervorgegangen waren, und daher ebenso auf dem Reiche, wie auf Polen lastesten. Ganz richtig bemerkt Szajnocha (str. 31), als er von der Hilfe die Mieczysław dem Kaiser in den Kriegen desselben mit den Elbslaven leistete, spricht: „... udział równie dobrowolny, jak były dobrowolne posiłki niemieckie, dane Mieczysławowi w wojnie z Bolesławem czeskim" ... „eine ebenso freiwillige Theilnahme (an den Kriegen gegen die Slaven), als die deutsche Hilfe, die dem Mieczysław in seinem Kriege mit Bolesław dem Böhmen zukam, freiwillig war" und Thietmar (IV. 9) sagt, als er von dem erwähnten Kriege spricht: „praedictae imperatricis adiutorium postulat," nämlich Mieczysław, welchen Satz man doch nicht anders übersetzen kann, als: „Er fordert [1]) die Hilfe der genannten Kaiserin." Wenn aber Mieczysław Hilfe forderte, so beweist dies, dass sie ihm auch rechtmässig, ich möchte sagen vertragsmässig gebührte, — dass sie die Folge eines Bündnisses zwischen Polen und Deutschland, und nicht vielleicht ein aus Gnade ertheilter Schutz war, wie es manche Forscher haben wollen. Wenn auch Polen am Anfange des zehnten Jahrhunderts nicht so mächtig war wie Deutschland, so war es wiederum nicht so schwach, dass es des Schutzes Deutschlands nicht hätte entbehren, oder

---

[1]) Lelewel übersetzt „postulat" mit „upraszał" „bat" (!)

dem Reiche nicht hätte treffliche Dienste leisten können. Wer weiss, was für ein Ende der Krieg mit den Elbslaven genommen hätte, wenn Mieczyslaw „cum nimia multitudine" den Deutschen nicht zu Hilfe gekommen wäre? Aus der erwähnten Stelle der. An. Hild. auf eine Abhängigkeit Polens von Deutschland zu schliessen, hat die Geschichtsforscher am meisten der Satz „suis sibi satis fideliter milites in ministerium regis dircxerat", und namentlich der Ausdruck „fideliter" bewogen. Daraus ersieht man wieder, wie unglücklich die Leugner der politischen Unabhängigkeit Polens in der Wahl ihrer Beweisgründe sind. In dem angeführten Satze bezieht sich „fideliter" doch nicht auf das Verhältniss Boleslaw I. zu Otto, sondern auf das Verhältniss des Heeres Boleslaw's zu dessen eigener Person. Um aus diesen sinnlosen Worten, diesem corrumpirten Texte den erwünschten Sinn herauszubekommen, hat Zeissberg „sibi" in „ibi" verwandelt. Obgleich diese Correctur grosse Wahrscheinlichkeit für sich hat, ist sie nichtsdestoweniger willkürlich, und ich sehe mich daher genöthigt, dieselbe dahingestellt sein zu lassen. Uebrigens kann ich nicht umhin zu bemerken, dass wenn auch die Lesart Zeissberg's sich als die einzig richtige erweisen möchte, ich doch genöthigt wäre gar kein Gewicht auf das Wort „fideliter" zu legen und das aus demselben Grunde, aus welchem ich den Ausdruck „fidelem" bei Thietmar unbeachtet gelassen habe. — Ueberdies ist noch zu berücksichtigen, dass „fideliter" mit eben demselben Rechte auf eine Ausübung der Verpflichtungen eines freien Bündnisses, als auf eine untergeordnete Stellung des bezeichneten Fürsten bezogen werden kann, daher auch nichts zu der Behauptung einer Abhängigkeit Polens von Deutschland berechtigt.

Endlich kommt nun noch eine Stelle aus Thietmar (IV. 2) in Betracht, die ich nur erwähne, weil Zeissberg seine Behauptung auf dieselbe stützt. Sie handelt von dem Vertrage Heinrich's von Bayern mit Mieczysław von Polen und Bolesław von Böhmen, welche beiden letzteren jenem „auxilium deinceps, ut regi et domino, cum iuramentis affirmantes . . ." Nun macht dabei Zeissberg (S. 68) folgende Bemerkung: „. . . und doch werden wir nicht annehmen wollen, er (Mieczysław) habe dem Empörer, der die Krone erst zu erlangen trachtete, mehr als dem legitimen Kaiser Otto dem ersten, in dessen grösster Machtfülle gelobt." Ohne eingehender die Richtigkeit dieser Bemerkung zu prüfen, will ich nur erwähnen, dass man in ihr keinen Beleg für die Abhängigkeit Polens von Deutschland sehen kann. Wie kann man aus dem Umstande, dass Mieczysław Heinrich, als seinem Herrn und König, Hilfe eidlich zusicherte, schliessen, dass er auch wirklich von dem Empörer abhängig gewesen wäre und ihm treu gedient hätte, wenn es diesem gelungen wäre, sich des Thrones zu bemächtigen? Im Gegentheil. Jeder Unbefangene muss ja zugeben, dass Mieczysław, in dem Augenblick, in welchem er den Eid leistete, gar nicht daran dachte, ihn zu halten. Denn was wollte Mieczysław durch die Verbindung mit dem Empörer erzielen? Offenbar nahm er an der Verschwörung nur deswegen Theil, weil er die Hoffnung und Gewissheit haben musste, solche Vortheile zu erringen, die ihm der legitime Kaiser nicht leicht zugestanden hätte, die aber der Empörer als Lohn der Hilfeleistung in Aussicht stellte. Die An. Altahenses maiores bei Pertz SS. XX, p. 773 sagen a. a. 974, dass Heinrich mit den Verschwörern sich berieth, „quomodo regnum Ottonis disperderent." Vielleicht versprach ihm also Heinrich, falls die Verschwörung gelingen sollte, die Oberherrschaft über die Elbslaven, — jedenfalls musste Mieczysław die Gewissheit haben, an Macht zu gewinnen. Vor der Empörung war er ein thatsächlich unabhängiger Fürst. Wie hätte er denn nun dem Empörer den Eid der Treue leisten, sich zu dessen Vasallen erniedrigen sollen? —

Das ist gar nicht zulässig, gar nicht denkbar. Die Worte „ut regi et domino" müssen nun wieder, entweder als eine, aus unrichtigem Verständniss entsprungene Einschaltung des Chronisten oder als eine leere Phrase angesehen werden, auf welche sicherlich auch Heinrich selbst gar kein Gewicht gelegt haben mochte. Wenn er es aber that, so ging er nur in die Falle, welche ihm Mieczysław gelegt hatte, der offenbar durch diese Phrase dem stolzen Fürsten schmeicheln, ihn bethören und sich auf diese Weise erspriessliche Vortheile sichern wollte. Genug, es ist klar, dass man aus diesen Worten Thietmar's gar nicht die Abhängigkeit Polens von Deutschland folgern kann.

Ganz dieselbe Bedeutung haben für mich die Worte der Annales Hildesheimenses und Quedlinburgenses, welche Zeissberg, mit der eben erwähnten Stelle Thietmar's verbindet, um seine Ansichten zu begründen. Es heisst dort, dass, nachdem die Verschwörung misslang, Mieczysław sich selbst des Kaisers (Otto III) Gewalt unterwarf. Wie kann man sich aber diesen Act vorstellen? Doch nicht anders, als dass Mieczysław vor den Kaiser trat und ihm das feierliche Versprechen gab, wieder sein treuer Bundesgenosse zu sein. Aber nehmen wir selbst an, er würde ihm versprochen haben, ihm treu zu „dienen", sein „treuer Vasall" zu sein, kann uns dies zu der Annahme bewegen, dass Mieczysław auch wirklich ein Vasall des Kaisers gewesen, oder von dem Augenblicke ein solcher geworden ist? In der erwähnten Stelle kann nur von dem Versprechen der Abhängigkeit Mieczysław's die Rede sein, uns handelt es sich aber vor allem um die wirkliche Abhängigkeit, um die Abhängigkeit als Thatsache.

Von einer solchen Abhängigkeit geben uns die Quellen, — wenn man sie eingehend prüft, — nicht die leiseste Andeutung. Die Tributpflichtigkeit, wie wir gesehen haben, berechtigt nur den Sieger Ansprüche zu stellen, — beweist also gar nichts; die Hilfeleistung bei Kriegszügen deutet mehr auf ein freundschaftliches Bündniss, als auf ein Abhängigkeits-Verhältniss, ebenso das Versprechen der Treue, und beweist beides die Klugheit Mieczysław's, der, als er im Innern seine Macht und seinen Einfluss nicht genug befestigt zu sein glaubte, um einen Kampf mit Deutschland zu vermeiden, es nicht scheute, demüthig zu erscheinen und merken zu lassen, dass ihm die Herrlichkeit des Kaiserreichs imponire, der sich sogar entschloss die Rolle eines abhängigen Fürsten zu spielen, der sich vielleicht auf den Reichstagen im Verkehr mit dem Kaiser und dessen Vasallen ganz so benahm, als wenn auch er ein Vasall Otto's gewesen wäre, und alles dies that, nur um die wirkliche politische Unabhängigkeit Polens zu retten.[1]

Dies gelang ihm auch. Denn wenn er auch als Fürst zweiten Ranges in seiner äusseren Politik auf das Verhältniss mit Deutschland, damals der ersten Grossmacht, stets Rücksicht nehmen musste und diese auch wirklich nahm, so erfreute sich nichtsdestoweniger sein Land der vollsten Autonomie. Wenn Zeissberg bemerkt (S. 70): „von den sonstigen Fürsten des Reiches unterschied Miseco auch die bei weitem grössere Autonomie seines Landes," so beweist er nirgends um wie viel, oder besser gesagt, in welcher Beziehung eigent-

---

[1] Aehnlicher Ansicht ist auch Szajnocha, der unter allen Forschern die Abhängigkeit Polens noch am besten behandelt hat: Er sagt: (str. 26) „Tymczasem zaś zachodził z jednej strony stosunek przyjaznego zwierszchnictva zadowolonego wszelkim pozorem pokory przeciwnika, z drugiej zaś strony stosunek, pozornej, sobie samej pochlebiającej uległości. Z czego bynajmniej wnosić nie można, jakoby owa uległość polegała na pewnych stałych warunkach, lub też jakikolwiek wpływ na wewnętrzny rząd państwa wywierała." „Indessen tauchte auf der einen Seite das Verhältniss einer wohlwollenden Oberherrschaft, welche sich mit der geheuchelten Demuth des Gegners zufriedenstellen liess, auf der anderen Seite dagegen das Verhältniss

lich diese Autonomie geringer war, als die vollste Autonomie;
denn aus dem Umstande, dass, wie Zeissberg meint, der
Markgraf den Mieczyslaw beaufsichtigte, kann man keine Einschränkung der Autonomie folgern. Der Markgraf mag
Mieczyslaw beaufsichtigt haben so viel er wollte, was konnte
ihm das helfen, wenn Mieczyslaw nach eigenem Gutdünken
handelte und seine Beaufsichtigung gänzlich ignorirte. —
Uebrigens wozu die vielen Worte? Die Quellen geben mir
keine Andeutung von einer Einschränkung der Autonomie
Polens, und dies genügt mir um die vollste politische Unabhängigkeit dieses Reiches zu behaupten, da doch die deutschen
Chronisten, die so gern Polen von Deutschland abhängig gesehen hätten, sich auch ihrerseits bemüht hätten, in ihren
Schriften die völlige Unterdrückung der Autonomie Polens
zu schildern, wenn dieselbe nur zum Theil eingeschränkt gewesen wäre. — Ein nicht minder wichtiger Umstand, der
mich zur Behauptung, Polen habe sich einer unum-
schränkten Autonomie erfreut, berechtigt, ist der, dass
die Christianisirung des Landes nicht unmittelbar nach dem
ersten Zusammenstosse erfolgte und dass erst nach fünf
Jahren das Bisthum von Posen gegründet wurde. Und
doch hätte Otto, der bekanntlich, nach Unterwerfung eines

---

einer scheinbaren, sich selbst-schmeichelnden Unterthänigkeit auf.
Woraus man aber nicht im mindesten berechtigt ist anzunehmen,
dass diese Unterthänigkeit auf bestimmten, bindenden Bedingungen
beruhte, oder irgend einen Einfluss auf die innere Verwaltung des
Reichs ausübte." Ganz vernünftig gesprochen. Man könnte gar nichts
gegen diese Bemerkung einwenden, wenn Szajnocha nicht die unglückliche Idee gehabt hätte, eine „wohlwollende Oberherrschaft" zu
erwähnen, über welche er übrigens selbst sehr im Unklaren zu
sein scheint, da er in seinem Werke diese wohlwollende Oberherrschaft gar nicht definirt und dieselbe durch die letzten Worte seiner
Bemerkung fast negirt.

Landes, dasselbe sofort christianisirte, sicherlich auch in Polen, falls er die Autonomie einzuschränken vermocht hätte, die neue Lehre auch hier gleich eingeführt und ein Bisthum errichtet. Da der Kaiser aber selbst um das Jahr 968 seines Einflusses über Polen noch so unsicher war, dass er zuerst bei der Stiftung des Erzbisthums es gar nicht wagte, Polen dieser Erzdiöcese zu unterordnen, [1]) obgleich Magdeburg die Metropole aller vom Reiche abhängigen slavischen Länder sein sollte, so musste nothwendigerweise Polen damals ganz unabhängig gewesen sein. Für diese Ansicht spricht aber auch die Art und Weise der Gründung des Bisthums selbst. Der Gedanke ging zwar von Otto aus, aber die Initiative der Ausführung wagte der Kaiser nicht zu ergreifen; er musste sie dem Polenherzog überlassen, und erst als es diesem gefiel, die Hand ans Werk zu legen, kam das wichtige Unternehmen zu Stande.

Aus allen diesen Betrachtungen ergibt sich, dass Polen zwar rechtlich von Deutschland abhängig war, doch thatsächlich nach Aussen gar keine untergeordnete Stellung zu

---

[1]) Zeissberg (S. 70) erklärt den Umstand, dass das Bisthum Posen so spät gegründet und dem Erzbisthume Magdeburg untergeordnet war, indem er behauptet, Otto habe bei der Gründung des Erzbisthums Magdeburg, Polen gar nicht ins Auge gefasst. Diese Erklärung will mir nicht ganz einleuchten. Wie konnte Otto dem es doch so viel an der raschen Verbreitung des Christenthums gelegen war, plötzlich, im gänzlichen Widerspruche mit seiner Politik an Polen so vergessen haben, dass er gar nicht daran dachte, auch in diesem Lande die deutsche Kirche einzuführen? Eine solche Inconsequenz dem grossen Kaiser zuzumuthen, scheint mir unmöglich. Viel wahrscheinlicher, als die Ansicht Zeissberg's, obwohl ebenfalls unbegründet, wäre die, dass Otto noch vor dem ersten Zusammenstosse mit Polen, sich mit dem Gedanken beschäftigt habe, dort auch einmal ein Bisthum zu gründen und dasselbe der slavischen Metropole, deren Gründung er längst beabsichtigte, zu unterordnen,

diesem einnahm und im Innern seine Autonomie unversehrt behielt, dass es thatsächlich weder persönlich, wie Roepell will, noch überdies sachlich, wie Zeissberg behauptet, vom Reich abhängig war. Und dennoch war Polen noch anders als rechtlich von Deutschland abhängig. Freilich war die Art der Abhängigkeit, eine aussergewöhnliche wenn auch nicht eine gänzlich vereinzelte: es war dies die Abhängigkeit des Christianisirten vom Christianisirenden, des Culturempfangenden vom Culturertheilenden — es war dies keine persönliche und auch keine sachliche Abhängigkeit, sondern, wenn ich mich so ausdrücken darf, eine geistige. — Das Christenthum war es, welches Polen an Deutschland kettete; das Bündniss musste um so fester, die Abhängigkeit um so grösser sein, als die Christianisirung nicht gewaltsam vorgenommen wurde, und daher diese geistige Abhängigkeit keine Folge einer persönlichen oder sachlichen war, um so fester als Polen freiwillig und mit Bewahrung seiner Autonomie, die neue

---

wie es Šafařik (Okr. II., 37, 5) und Szajnocha (str. 16) behaupten. Wenn in den Gründungsurkunden Posen nicht unter den Bisthümern, welche von Magdeburg abhängig sein sollten, erwähnt wird, so ist dies ein genügender Beweis für die Machtlosigkeit des Kaisers über Mieczysław's Land, für den geringen Einfluss Otto's auf Polen. — Es könnte aber Jemand mit Recht bemerken, dass den Kaiser die Unabhängigkeit Polens gar nicht hinderte, das Bisthum dieses Landes in den Urkunden zu erwähnen. Otto konnte sich ja das Privilegium für das in Zukunft der Metropole zu unterordnende Bisthum bestätigen lassen. Gewiss. Er konnte das thun, doch, dass er es nicht that, beweist seine Klugheit und Besonnenheit. Er fürchtete mit Recht, mit prahlerischer Gewissheit das Gelingen seines beabsichtigten Unternehmens zu proclamiren, welches doch noch misslingen konnte und in diesem Falle ihn, den grossen Kaiser, in den Augen der streng richtenden Nachwelt lächerlich gemacht haben würde.

Lehre, und mit ihr die abendländische, deutsche Cultur annahm.

Merkwürdig! Diese Art der Abhängigkeit, hat meines Wissens noch kein Schriftsteller hervorgehoben und doch ist sie so augenfällig. Es haben sich viele gefunden, welche in der Annahme des Christenthums eine Annäherung Polens zum Abendlande fanden. Dies ist nicht genügend. Vielmehr muss man vor Allem darauf Gewicht legen, dass Polen von Deutschland die Cultur empfing. Deutschland hat Polen zum Christenthum bekehrt, Deutschland hat Polen civilisirt. Durch die Unterordnung des Bisthums Posen unter das Erzbisthum Magdeburg, krönte Deutschland sein Werk. Von nun an waren die Schicksale Polens von dem Loos Deutschlands unzertrennbar. Durch die erwähnte hierarchische Einrichtung, war es Deutschland möglich einen fortwährenden Einfluss auf Polen auszuüben, und Polen konnte sich dieses Einflusses nicht erwehren. Polen brauchte aber auch nicht es zu thun. Der Einfluss Deutschlands, sowie er jetzt war, konnte dem polnischen Volke keinesfalls schädlich, sondern im Gegentheil sehr nützlich sein. Er konnte auf die Machtentwicklung Polens nur fördernd einwirken, da er zur Hebung der Cultur dieses Landes wesentlich beitrug. Die geistige Abhängigkeit war somit einerseits den Polen, wenigstens für den Augenblick, nicht nur nicht gefährlich, sondern sogar sehr wohlthuend und sehr erspriesslich, anderseits machte sie aber auch den Deutschen Ehre und erhöhte den Glanz des grossen Kaiserreichs. Diese Abhängigkeit lief aber Gefahr, gänzlich gelöst und aufgehoben zu werden, sobald Deutschland mit ihr nicht zufrieden, den unglücklichen Versuch machen wollte, Polen durch Waffengewalt zu unterwerfen, dasselbe auch sachlich abhängig zu machen, dass polnische Volk seiner Freiheit zu berauben, um ihm später seine Nationalität zu entreissen. Dann war es natürlich, dass die Polen gegen die zu Unterdrückern gewordenen Wohlthäter mit der grössten Wuth kämpften. Siegten aber die Polen, — und der Sieg war so wahrscheinlich! — dann trat auch die gänzliche Lossreissung vom Reiche, dann hörte Deutschland auf, seinen geistigen Einfluss auf Polen zu üben. Das begriff auch Otto III. als er seine Krone auf das Haupt Bolesław's setzte, als er die Freundschaft des mächtigen Polenherzogs zu gewinnen trachtete, um in ihm einen eifrigen Propagator des Christenthums im Norden sich zu sichern. Leider wurde auch dieser Gedanke des genialen Herrschers von der Nachwelt verkannt, und ihm zum Vorwurf gemacht. Einige Chronisten[1]) gingen selbst soweit, dass sie dieses feierliche Bündniss des Kaisers mit dem polnischen Herzog dem ersteren als Verbrechen anrechneten, indem sie behaupteten, dass diese That, welche, ihrer Ansicht nach, den Uebermuth Bolesław I. steigerte, die Ursache der unglücklichen Kriege Deutschland's mit Polen gewesen wäre. Nicht das von Otto III. mit Polen geschlossene Bündniss hat diese Kriege hervorgebracht, — wohl aber das Streben der späteren Herrscher, das Werk Otto's zu vernichten, um Polen zu einer deutschen Provinz machen zu können.

---

[1]) Vgl. die schon erwähnte Stelle Thietmar's. (V., 6.) — Es haben sich aber auch solche gefunden, die das gute Einvernehmen, die Freundschaft Polens mit Deutschland für den Erfolg des Christenthums und der abendländischen Cultur als wichtig erkannten, die die Eroberungslust der deutschen Herrscher tadelten und sie zum Frieden ermahnten. Vergleiche: Epistola Brunonis ad Henricum regem Monum. Poloniae. (I., p. 224.)

Fünfte Beilage.

Hypothese Bielowski's über zwei Taufen Mieczysław's.

Bielowski behauptet (in seinem Werke „Wstęp krytyczny do dziejów Polski" str. 516—518), dass Mieczysław vor der katholischen Taufe noch in seinem siebenten Lebensjahre die Taufe nach dem slavischen Ritus empfangen hat. Unser Gelehrte musste dies behaupten, um seinen früheren Hypothesen (siehe erste Beilage) consequent zu bleiben. Da er angenommen hatte, dass die Piasten von den grossmährischen Fürsten abstammen und es bekannt ist, dass diese Fürsten durch Methodius und Cyrylus zum Christenthume mit slavischem Ritus bekehrt worden waren, so musste er auch annehmen, dass Mieczysław ebenfalls zu dieser Religion sich bekannte. Interessant ist die Beweisführung Bielowski's.

Er stützt sich hauptsächlich auf die Annales Polonorum, oder wie er sie nennt An. Benedictini (die er auch als Anhang seinem Werke beigefügt hat) und zwar zu allererst auf die Notiz zum Jahre 931. Es heisst dort: „Mesko, princeps Polonie filius Zemislai, cecus gignitur et septem annis cecus educatur. Tandem miraculose illustratus. Qui licet famosus esset et magne industrie, vicio tamen non caruit, nam septem pellicum scortis, quas conjuges nuncupat, nocturnas variare vices consueverat. His tandem repudiatis quandam Dobrowkam nomine, filiam ducis Bohemie, matrimonio copulat, cujus felici consorcio glacies infidelitatis dissolvitur, et nostrorum labrusca gentilium in vere vitis palmites transmigravit." (An. Pol. I., II., III.) In der zweiten Spalte: „931. Mesko dux Polonorum mirabiliter illuminatur, qui quamvis virtuosus fuerit, nichilominus infectus fuit certis criminibus: nam singulis noctibus (cum)septem meretri(ci)bus concubuit. Qui post hec duxit honestam dominam, beatam Dambro(w)cam de Bohemia, dimissisque meretri(ci)bus ex ejus inductione de paganismo intrat gremium christianitatis." (An. Pol. IV.)

Ich möchte nun wohl wissen, mit welchem Rechte Bielowski seine obige Hypothese von der ersten Taufe Mieczyslaw's auf diese Stelle der An. Pol. stützt. Ist denn die leiseste Andeutung einer solchen Taufe in der von Bielowski selbst angeführten Stelle enthalten? Meines Wissens nicht. Man kann doch nicht diese Andeutung in den Worten „miraculose illustratus" und „mirabiliter illuminatur" erblicken. Man kann doch nicht so ohne weiters „miraculose" und „mirabiliter" mit Sicherheit auf die wunderwirkende Kraft des Sakramentes der Taufe beziehen. Wenn man aber die Kühnheit besässe es zu thun, so wäre man nur zu bald gezwungen, von der gewagten Hypothese abzustehen, und zwar nicht später, als wenn man diese Stelle zu Ende gelesen haben würde und auf den Satz „cujus felici consorcio glacies infidelitatis dissolvitur", oder den Satz „ex ejus inductione de paganismo intrat gremium christianitatis" gekommen wäre. Diese Sätze beweisen doch klar und deutlich, dass der Annalist ganz und gar nicht an eine andere Taufe als an die katholische Taufe Mieczysław's gedacht hat. Was hier „miraculose" und „mirabiliter" zu bedeuten habe, wird weiter unten beim J. 944 erklärt. Nach dieser Erklärung ist der Umstand, dass Mieczyslaw das Gesicht nach sieben Jahren

Blindheit plötzlich erlangt hat, insofern als Wunder anzusehen, als dies eine Vorbedeutung, ein Symbol der katholischen Taufe Mieczysław's und der Bekehrung des ganzen Volkes zum Christenthume war. Bielowski erklärt natürlich diese Stelle für eine Interpolation einer späteren Hand. Mit welchem Rechte? Warum? Das bleibt unerforschlich. Verfolgen wir nun weiter die interessante Beweisführung dieses Gelehrten. Als zweites Argument, auf welches er seine Hypothese stützt, führt er folgende Stelle aus An. s. Crucis an: „Iste Meszko, filius Semislai pagani, fuit cecus septem annis ante baptismum, et post receptum baptismum pluribus annis vidit." Hier finde ich ebenso wenig eine Andeutung der Taufe nach slavischem Ritus, als in der früheren Stelle. Es heisst nämlich hier nicht, dass Mieczysław von seiner Geburt an blind war. Man kann nun wohl annehmen, der Verfasser dieser Stelle wolle hier sagen, dass Mieczysław durch sieben Jahre vor der katholischen Taufe des Jahres 966 blind war, wie dies schon Lelewel (IV., str. 515) bemerkt hat, man kann wenigstens dies mit eben demselben Rechte annehmen, als Bielowski annimmt, dass hier die slavische Taufe, welche Mieczysław in seinem siebenten Lebensjahre (also 938) empfangen haben sollte, gemeint ist. Wir haben früher gesagt, dass Bielowski zu dieser Hypothese von der slavischen Taufe durch die Aufstellung seiner ersten Hypothese geradezu gezwungen war. Wenn die Piasten Nachkommen der grossmährischen Fürsten sind, müssen sie sich alle, sowie diese zum Christenthume nach slavischem Ritus bekennen. Nun aber wird in unserer Stelle der Vater Mieczysław Semislaus „paganus" genannt. Wenn nun der Verfasser der Annalen ihn für einen guten Heiden hält, wie kann er auf den Gedanken gekommen sein, dass Mieczysław die Taufe nach slavischem Ritus empfangen hatte. Die Apostel und Verbreiter dieses Ritus waren nicht mehr da, und sonst hätte schwerlich Jemand den Semilaus bewogen haben, seinen Sohn nach dem slavischen Ritus taufen zu lassen. Uebrigens ist von dieser Annahme gar nicht die Rede. Wir sprechen nur von der Hypothese Bielowski's.

Die dritte Stelle, auf die dieser Geschichtsforscher seine Hypothese stützt, lautet: „Anno domini 965 Dobrochna, Wrathislai ducis Bohemie filia et soror sancti Wenczeslai desponsatur Meskoni, filio ducis Zemislai. Qui Mesca cecus natus fuit et Prage baptisatus, divino miraculo lumen recepit. Quod videntes nobiles, qui cum eo erant clamabant „polen!" unde vocati sunt polani: ex perfusione sacri baptizmi, qui prius vocabantur Lachowye, dum essent pagani. Et viso tam excellenti miraculo, majores regni Prage fuerunt baptizati et deinceps tota Polonia a polen nuncupata." [1] — Abgesehen davon, dass hier auch nicht die Zeit oder eigentlich die Dauer der Blindheit Mieczysław's genau angegeben ist, indem man eben so gut behaupten kann, der Verfasser glaubte sowohl, Mieczysław wäre bis zu seiner Taufe von 965 blind gewesen, als auch der Polenherzog hätte bis zu seinem siebenten Jahre, d. i. bis zu der ersten Taufe nach slavischem Ritus an diesem Gebrechen gelitten, so wird doch Niemandem einfallen, diese Ansicht dem Annalisten zuzumuthen. Es heisst dort nämlich „et Prage baptisatus." In Prag konnte ja Mieczysław nur nach katholischem Ritus getauft worden sein, da doch Wenzel, die herrschende Familie und das böhmische Volk sich sicher-

---

[1] Diese Stelle ist in den Annalen enthalten, die Bielowski „Rocznik Sędziwoja" benannt, und in seinen Mon. Pol. II., p. 872 abgedruckt hat. Dieselben laufen bis zum Jahre 1360. Bielowski behauptet, dass ihnen ein älterer codex zu Grunde liegt, gesteht aber ein, dass die Annalen durch Verbesserungen und Zusätze ganz entstellt worden sind. Und doch will er nichtsdestoweniger auf sie seine Hypothesen stützen!

lich zu diesem Ritus bekannt haben mussten. Freilich behauptet Bielowski das Gegentheil, führt aber keinen triftigen Grund dieser Behauptung an. Aus den folgenden Worten dieser Stelle ist ja deutlich zu ersehen, dass das polnische Volk seit dieser Taufe sich erst zum Christenthume bekehrt habe. Es kann also hier von der Taufe, welche alle grossmährischen Fürsten somit auch die Piasten, als ihre vermeintlichen Nachkommen annehmen mussten, nicht die Rede sein, denn in diesem Falle hätte sich doch wenigstens die nächste Umgebung dieser Fürsten, hätten sich doch die Edelleute zu dieser Religion bekannt haben müssen. Uebrigens wenn wir berücksichtigen, dass in dieser Stelle Wratislaus für den Vater und Wenzel für den Bruder Dąbrówka's angesehen werden, dass ferner hier die Fabel von dem Ursprunge des Namens „Polen" in vollem Ernste für geschichtliche Wahrheit ausgegeben wird, so werden wir uns bemüssigt sehen, eine sehr nachtheilige Meinung von der Glaubwürdigkeit des Verfassers dieser Stelle zu haben. Wie kann man nun den Satz: „Mesca cecus natus", für eine geschichtliche Thatsache ansehen?

Alle Geschichtschreiber, Bielowski nicht ausgenommen, halten die Blindheit und besonders die wunderbare Heilung Mieczysław's für eine Fabel[1]), für eine Fiktion der Mönche, welche durch diese Fabel, die sie als Thatsache ausgaben, die Bedeutung der Einführung des Christenthums in Polen vergrössern wollten, als wenn dies nothwendig gewesen. Dass dieses Wunder, dass die Taufe Mieczysław's in Prag stattgefunden haben soll, das weiss nur

---

[1]) Der einzige Bandkie sucht (I. str. 126) die Heilung Mieczysław's, die er aber auch nicht für eine unbestreitbare Thatsache hält, als ein sehr natürliches Ereigniss zu erklären, indem er sich dabei in eine anatomisch-chirurgische Erörterung einlässt.

unser Annalist. In keiner der bis jetzt bekannten Chroniken ist hievon nur die leiseste Andeutung enthalten. Desshalb sehe ich mich auch veranlasst die Glaubwürdigkeit dieser Nachricht zu leugnen. Wenn wir nun diese Stelle etwas eingehender analysiren, wird es uns auch nicht schwer fallen zu ermitteln, woher und wie der Annalist dazu gekommen ist, die Taufe Mieczysław's nach Prag zu versetzen. Er hatte in den polnischen Chroniken und Annalen gelesen, dass Dąbrówka Mieczysław nicht eher heiraten wollte, als bis dieser ihr versprach zum Christenthume überzutreten.[1]) Und nun fing der gute Mann zu pragmatisiren an: „Dąbrówka wollte Mieczysław nicht eher heiraten als bis dieser Christ geworden war; folglich wollte sie auch gar nicht, bevor die Taufe nicht stattgefunden haben würde, nach Polen reisen. Dies bewog Mieczysław sich taufen zu lassen. Wo konnte nun die Taufe vollzogen worden sein? Natürlich in Gegenwart der Dąbrówka, die ihrem heidnischen Gatten nicht viel trauen mochte, also in Prag!" — So raisonnirte unser Annalist und wie mochte er auf seinen kritischen Scharfsinn stolz gewesen sein, wie mochte er sich gefreut haben, einen so genialen Gedanken gehabt zu haben. Und auf die Fiktionen solcher Gewährsmänner will Bielowski seine Hypothesen stützen! Was mich anbelangt, bin ich gezwungen, bis mir nicht bessere Beweise für die Abstammung der Piasten von den grossmährischen Fürsten, für die Taufe Mieczysław's nach slavischem Ritus vorliegen, diese beiden Annahmen zu verwerfen.[2]) Schliesslich

---

[1]) Wahrscheinlich hat er Martinus Gallus, der eben diese Ansicht aufgestellt hatte, unter der Hand gehabt. Es ist nämlich wohl zu beachten, dass diese Annalen in dem Codex Zamojski's mit Gallus zusammen sich befinden.

[2]) Die letzte Annahme verwerfen auch Šafařik (II., 37, 6) und Zeissberg, jedoch ohne den Grund anzugeben, warum sie das thun. Da nun Bielowski der erste diesen Gegenstand so ausführlich

kann ich nicht umhin zu bemerken, dass wenn auch die Hypothesen Bielowski's sich je als historische Thatsachen erweisen sollten, die Bedeutung der Bekehrung Polens zum Katholicismus dadurch nicht im geringsten geschwächt oder vermindert würde. Hätte Polen sich zum slavischen Ritus bekannt und wäre es bei diesem Ritus auch verblieben, so wäre seine Geschichte sicherlich eine ganz andere als sie jetzt ist!

---

behandelt hat, so musste auch ich natürlich etwas ausführlich sein, um die Behauptungen dieses Gelehrten, zu widerlegen, zumal da die Widerlegung Lelewel's (IV., str. 501—530), obgleich umfangreich, dennoch in manchen Punkten, besonders was Klarheit und Genauigkeit anbelangt, mangelhaft ist.*) So entstand diese fünfte Beilage.

*) Unverzeihlich ist es jedenfalls, dass der berühmte Forscher in seiner Polemik gegen Bielowski zu abgeschmackten Calembourgs Zuflucht nimmt, wie das z. B. auf der Seite 513, Anm. 33 der Fall ist.

Errata.

Seite	Text oder Anmerkung	Zeile	oben od. unten	statt	zu lesen
VII	Text	4	o.	polskich	Polski
1	Anm. 1	1	o.	Slawische	Slavische
6	Text	12	u.	Avararen	Avaren
29	Anm. 1	7	o.	Abendlandes	Abendlandes vor,
„	„	„	u.	per	der
30	Anm. 1	—	—	vermuthet die Ereignisse nur, dass von 963	vermuthet nur, dass die Ereignisse von 963
„	Anm. 2	4	u.	sonctae	sanctae
32	Anmerkung	2	o.	capitluli brac.	capituli crac.
„	„	7	o.	auf	auch
„	„	6	u.	Chroniker	Chronisten
33	Anmerkung	7	o.	Dąbrowka	Dąbrówka
„	„	9	u.	Tentonico	Teutonico
„	„	4	u.	quin pocius	quin pocius propter
34	Anmerkung	1	o.	Oecimacionem	decimacionem
„	„	9	o.	delictae	dilectao
„	„	10	o.	bystismate	baptismate
„	„	11	o.	deter sit	detersit
„	„	5	u.	bona bona	bona
„	„	2	u.	serit	sevit
36	„	2	o.	Bilt.	Bielowski
41	„	4	u.	pancis	paucis
42	„	2	o.	in columen	incolumen
46	„	6	u.	Thietmar	Widukind
48	Anm. 3	1	u.	nach	noch
„	„	5	u.	das Jahr 959,	das Jahr 959 fiel,
„	„	2	u.	W. Giesebrecht's	W. Giesebrecht
„	Anm. 4	1	o.	totius	totius
49	Anmerkung	5	u.	gepflogen,	gepflogen wurden,
50	Text	2	u.	Herzogthums, zusammen	Herzogthums zusammen
54	„	1	o.	fast einen solchen gleichbedeutenden	einen fast so bedeutenden
58	„	2	u.	anderen ähnlichen Gewährsmännern	andere ähnliche Gewährsmänner
62	„	13	o.	zuschreiben.	zuschreiben?
63	Anmerkung	1	o.	nicht polnischen	echt polnischen
„	Text	12	o.	Swatupluk's	Swatopluk's
64	Anmerkung	3	o.	wie wohl	wiewohl
67	„	6	o.	triplicavit,	triplicavit,"
73	„	1	o.	lucendiis	incendiis
74	Text	14	o.	im	am
77	Anm. 1	3	o.	In Folge	„In Folge
90	Text	10	o.	Stelle	Stellung
101	„	20	o.	Bolariorum	Balariorum
111	„	12	o.	sowoit	so weit

NB. Beim Citiren Šafarik's wurden mit Čl. (wenn dieses nicht, wie auf Seite 85, vor einer römischen Ziffer steht) die fortlaufenden Paragraphe, nicht aber die Hauptstücke bezeichnet.

www.ingramcontent.com/pod-product-compliance
Lightning Source LLC
Chambersburg PA
CBHW020116170426
43199CB00009B/544